Erich Purk
Weniger ist mehr

W0057498

Erich Purk

# Weniger ist mehr

Der spirituelle Fastenbegleiter

Verlag Katholisches Bibelwerk

Die Deutsche Bibliothek – CIP-Einheitsaufnahme

Ein Titeldatensatz für diese Publikation
ist bei Der Deutschen Bibliothek erhältlich.


ISBN 3-460-27112-4
Alle Rechte vorbehalten
© 2002 Verlag Katholisches Bibelwerk
Umschlag: Finken & Bumiller, Stuttgart
Titelbild: © Mauritius, Mittenwald
Satz und Repro: Rund ums Buch – Rudi Kern, Kirchheim
Druck: Druckerei W. Röck, Weinsberg

# Inhalt

# Inhalt

# *Vorwort*

Ein Haufen grauer Steine und ein kleines Bild voller Farben –
wie eine Einladung, einen Stein zu wählen und ihn in seiner
Einmaligkeit und Farbenpracht wahrzunehmen. Denn: Weniger
ist mehr. So ist es doch auch mit unserem Leben: Wie oft versinkt der Alltag in tristem Grau. Fasten öffnet den Blick nach innen und legt die Quellen frei, die das trockene Land in einen
Garten voller Blumen verwandeln können.
Heute kann man von einer Wiederentdeckung des Fastens sprechen. Aber: Fasten ist nicht nur ein leibliches, sondern vor allem ein spirituelles Geschehen. Verzicht und Diät allein bringen
weder Heilung noch inneres Gleichgewicht. Als Grundlage für
eine Wandlung des Herzens jedoch können sie nützlich sein.
Wer die 40 Tage der Österlichen Bußzeit als Zeit der Besinnung
und der inneren Auseinandersetzung mit der eigenen Lebens-
situation nutzen möchte, hat in diesem Fastenbegleiter einen
treuen spirituellen Weggefährten zur Seite. Er spricht liebge-
wordene Gewohnheiten an und hilft beim Entdecken neuer innerer und äußerer Spielräume und Lebensquellen. In 40 Schrit-
ten bietet er für jeden Tag der Fastenzeit meditative Impulse und
Übungen auf dem Weg zu mehr Lebendigkeit. So kann die Österliche Bußzeit zu einer Segenszeit werden.
Die spirituellen Impulse dieses Buches mögen Ihren ganz persönlichen Weg durch die Fastenzeit bereichern und begleiten.
Die Themen der einzelnen Wochen können zum Leitfaden für
Besinnungstage und Exerzitien im Alltag werden. Spiritualität
ist keine fromme Innerlichkeit. Das Wort Gottes mischt sich ein
und hinterfragt den Zeitgeist. Es kann den Alltagstrott verwandeln und zu neuer Lebensgestaltung führen.

*Pater Erich Purk*

## *Asche – Sinnbild der Vergänglichkeit*

*Herr, tu mir kund die Zahl meiner Tage!*
*Lass mich erkennen, wie sehr ich vergänglich bin!*
*(Ps 39,5)*

**Wort in den Tag** „Am Aschermittwoch ist alles vorbei." Die Masken sind abgelegt. Demaskierung – Ende des Karnevals. Beginn der Fastenzeit. Der Kontrast ist schärfer nicht denkbar. Und doch gehört beides zusammen; es steckt schon im Wort: Fastnacht, die „tolle" Nacht vor der Fastenzeit, die 40 Tage vor Ostern beginnt.

Der Aschermittwoch hat seinen Namen vom Ritus des Aschenkreuzes. Die Asche als Zeichen der Vergänglichkeit spricht eine deutliche Sprache: „Memento homo" – „Bedenke, Mensch, dass du Staub bist und wieder zum Staub zurückkehren wirst. Bekehre dich und glaube an das Evangelium!" So spricht der Priester in der Liturgie am Aschermittwoch, wenn er den Gläubigen Asche auf das Haupt streut.

Rätselhafter Mensch, gesättigt von Lust und Sinnenfreude ist er wieder offen für Fasten und Verzicht, um dem Überdruss zu entgehen. Mensch der Ratlosigkeit, der sich immer wieder in Sackgassen verläuft, Mensch, dessen ganzer Optimismus doch nur Betäubungsmittel seiner trostlosen Angst ist, sucht nach neuen Wegen, die zum Leben führen.

Im Gottesdienst weiht der Priester die Asche. Sie ist aus den Palmzweigen des Vorjahres gewonnen. Über die Asche spricht der Priester: „Gott, du willst nicht den Tod des Sünders, du willst, dass er sich bekehrt und lebt. Erhöre unsere Bitten! Hilf uns, die vierzig Tage der Buße in rechter Gesinnung zu begehen. Verzeihe uns unsere Sünden, erneuere uns nach dem Bild deines Sohnes und schenke uns durch seine Auferstehung das unvergängliche Leben."

Dieser Ritus des Aschenkreuzes ist sehr alt. Asche ist das Zeichen der Vergänglichkeit, aber auch das Zeichen der Umkehr und Erneuerung. Im Bild der Asche und des Staubes ist uraltes Wissen der Menschen aller Völker und Religionen lebendig geblieben. Das Leben flieht dahin; alles ist vergänglich. Schon ein

alter Römer ließ sich auf seinen Grabstein schreiben: „Wenn du fragst, wer ich bin: Nur Staub und trockene Asche."
Die Israeliten und Ägypter, Griechen und Araber kennen das Symbol der Asche als Zeichen der Vergänglichkeit. Uns ist die biblische Redewendung noch heute bekannt: „In Sack und Asche Buße tun."
Asche ist aber auch ein Zeichen der Reinigung. Früher hat man in die Wasserlauge Kohlenasche gestreut. Asche reinigt weiße Leinentücher.
Asche ist dann auch ein Zeichen der Fruchtbarkeit. Was durch das Feuer gegangen ist, macht den Boden neu fruchtbar. Früher wurden die Stoppelfelder abgebrannt. Aus der Asche wird neues Leben wachsen, aus dem Staub der Erde neue Fruchtbarkeit. Die uralte Sage vom Vogel Phönix kommt uns in den Sinn: Wie der Phönix aus der Asche keimt das neue Leben auf verbrannter Erde. Der Tand und das Blendwerk dieser Welt müssen verbrannt und der Ballast abgeworfen werden, dann kann sich die Seele neu erheben.
Nur wer diesen Weg der Reinigung und Verwandlung mitgeht, wird das Leben gewinnen. Rings um uns wandelt sich alles. Wir werden glücklich sein, wenn wir uns dem Gesetz der Wandlungen überlassen. Niemand bleibt, wie er ist. Wer festhalten will, was jetzt ist, erstarrt zum Tod. Wir müssen es wieder wagen, den Weg der Verwandlungen zu betreten. Der Aschermittwoch erinnert uns nicht nur an die Vergänglichkeit aller Dinge, sondern an die Verwandlung, die neues Leben zeugt. Gesegnet wird heute die Asche.

**Übung**   An Aschermittwoch möchte ich über die Vergänglichkeit aller Dinge nachdenken. Alles kommt und geht. Ich möchte dieser Frage nicht ausweichen und sie verdrängen. Vielleicht habe ich heute die Gelegenheit, mit meinen Händen Erde zu berühren. Die Mutter Erde ist Wiege allen Lebens, Fundament, auf das wir bauen, Bett, das uns wieder aufnimmt, die wir selber Erde sind. Bei Beerdigungen bin ich immer beeindruckt, wenn die Angehörigen in das offene Grab eine Handvoll Erde werfen.

## Der Weg der Verwandlung

*Wenn ihr nicht von neuem geboren werdet,*
*könnt ihr das Reich Gottes nicht schauen.*
*(vgl. Joh 3,3)*

**Wort in den Tag**  „Es gibt etwas Schlimmeres als einen schlechten Gedanken, nämlich einen fertigen Gedanken. Es gibt etwas Schlimmeres als eine schlechte Seele, nämlich eine fertige Seele. Es gibt etwas Schlimmeres als eine entartete Seele, nämlich eine Gewohnheits-Seele"[1], schreibt CHARLES PEGY.
Ist Gewöhnung und Erstarrung das große Übel? Ist der „Nesthocker", der nicht mehr lernfähig ist, dem Tode nahe? Wenn ich meinen Tag anschaue, ist fast jeder Handgriff Routine des Alltags, vom Zähneputzen bis zum Autofahren. Aber die Gewöhnung entlastet mich auch. Denn die Bereiche, in denen ich lernfähig und beweglich sein muss, nehmen rasch zu. Wenn ich wieder vor einem neuen Automaten stehe, um eine Fahrkarte zu ziehen, erfahre ich meine Grenzen.
Vom Zeitgenossen wird heute große Beweglichkeit verlangt. Die Erfahrung des Alltags und der Arbeitswelt ist doch die: Wer allzu lange am Alten festhält, gerät in Rückstand. Mangelnde Elastizität und Mobilität bringen Nachteile. Wer zum Beispiel mit der Mode Schritt halten will, muss so ziemlich jedes Jahr umdenken. Am Arbeitsplatz muss man sich auf neue Verfahren und Maschinen einstellen. Erziehungs- und Ausbildungsformen ändern sich ständig. Man spricht schon von der Zwei-Klassen-Gesellschaft, in der die ältere Generation, die den Umgang mit Computer und Internet nicht beherrscht, an den Rand gerät. Die Angst sitzt tief, nicht mithalten zu können, isoliert zu werden, die Angst, auf weiter Flur zurückzubleiben, während die Musik, nach der alle tanzen, längst weitergezogen ist.
Aber es gibt auch diese Erfahrung: Es fällt uns schwer, sich immer wieder umzustellen. Es gibt eine Tendenz, bei dem zu beharren, was sich bewährt hat. Wir stehen im Spannungsfeld von Mobilität und Stabilität. Wir suchen die Heimat, und doch lockt der Weg in die Fremde. Wer unbeweglich hinterm Ofen sitzen bleibt, erstarrt und verkalkt.

Die 40 Tage der Fastenzeit laden uns ein zu neuem Aufbruch. Die Grunderfahrung, die zum Leben gehört, heißt „Verwandlung". Das Wasser zum Beispiel verdunstet und wird zur Wolke. Aus ihr fällt der Regen, der die Ackerscholle befeuchtet. Tautropfen und Nebelschwaden, Eiskristall und Sturmflut – im Spiel der Verwandlung wird der Kreislauf des Lebens möglich. Alles, was lebt, wandelt sich täglich. Auch unser Leib ist nach sieben Jahren erneuert und ganz verwandelt.

Durch das Grundgesetz der Wandlung entsteht immer neu das Leben. Dies bezeugte der Forscher WERNHER VON BRAUN: „Die heutige Wissenschaft kennt keine totale Auflösung oder Vertilgung, alles, was sie kennt, ist Verwandlung. In unserer Welt kann nichts einfach verschwinden, ohne eine diskrete Spur zu hinterlassen." Auch der Mensch steht unter diesem Grundgesetz der Wandlung. Selbst der Tod ist nur eine Form der Verwandlung. VON BRAUN sagt: „Wenn Gott nun dieses fundamentale Grundprinzip für die unbedeutendsten Teilchen seines grenzenlosen Universums anwendet, wird es dann nicht auch für sein Meisterstück, für den Menschen gelten? Denn Vergehen ist nur Verwandlung." Das Wort des Evangelisten Johannes wird verständlich: Wenn ihr nicht von neuem geboren werdet, könnt ihr das Reich Gottes nicht schauen (vgl. Joh 3,3).

**Übung** Der Weg durch die Fastenzeit ist ein Weg der Verwandlung. Um Aufbruch ins neue Leben geht es letztlich. Glücklich, wer es wagt, den Weg der Wandlung zu gehen. Wie die Schöpfung sich wandelt, werden wir wieder im Frühling, der bald beginnt, erleben. Ich möchte heute nachspüren, wie sehr ich mich im Laufe der Jahre verändert habe. Ich möchte wahrnehmen, wo meine Blockaden und Erstarrungen liegen. Ich nehme alte Fotos zur Hand und beachte, wie sich mein Gesicht gewandelt hat. Die Augen und das Gesicht sind Spiegel der Seele.

# Zeit des Umdenkens

*Die Zeit ist erfüllt, das Reich Gottes ist nahe.*
*Kehrt um, und glaubt an das Evangelium!*
*(Mk 1,15)*

**Wort in den Tag**      „Ein Mann, der seinen Bekannten lange nicht gesehen hatte, begrüßte ihn mit den Worten: Sie haben sich gar nicht verändert. Oh!, sagte dieser und erbleichte."[2] Die Reaktion des Bekannten ist nicht typisch. Normalerweise gilt es als Kompliment, wenn einer sagt: Sie haben sich gar nicht verändert. Normalerweise möchte man bleiben, wie man ist. Wer möchte sich schon ändern? Krankheit und Alter verändern. Wer stark ist, braucht sich nicht zu ändern. Wer fest im Sattel sitzt, liebt keine Veränderungen. Die sind immer unbequem. Und die Rede von der Umkehr hört man nicht gern. Sie weckt oft Aggressionen.

Umkehr ist das unverzichtbare Thema der Verkündigung. Das Anliegen der Bibel lässt sich auf einen Nenner bringen: Bekehrung. Das erste Wort Jesu, wie Markus (Mk 1,15) und Matthäus (Mt 4,17) uns berichten, heißt: „Kehrt um, das Reich Gottes ist nahe!" Die Forderung nach Umkehr ist der eine und einzige Imperativ der Reich-Gottes-Predigt Jesu.

Metanoeite – denkt um, tut Buße! Umkehr ist aber nicht nur ein Zudecken von Sünden, sondern die Bereitschaft zur Revision des Lebenskonzeptes unter dem Zuspruch und Anspruch Gottes. Der Aufruf zur Bekehrung entartet, wenn er als Appell zur Anpassung verstanden wird. Zu oft haben Theologen die christliche Umkehr nur als eine Rückkehr in bestehende Ordnungen verkündet. Das verlorene Schaf kehrt reumütig zurück. Metanoia – Umkehr ist mehr, ist Auszug – Exodus – aus Bestehendem, aus all dem, was uns festlegt, aus Zwängen und verhärteten Zuständen. Das versteinerte Herz öffnet sich neuem Leben.

Bekehrung ist aber nicht eine Art Gehirnwäsche. Auf menschliches Versagen reagiert Jesus nicht mit moralischer Entrüstung. Die dunkle Vergangenheit wühlt er nicht auf. Jedem spricht er das befreiende Geschenk des Erbarmens Gottes zu. Der Grund

der Umkehr ist nicht das Gericht, sondern die Liebe des barmherzigen Gottes, der als unbegreiflich gütiger Vater den Verlorenen nachgeht.
Das griechische Wort, das wir mit „Umkehr" übersetzen, heißt „metanoia". Wenn wir das wörtlich übersetzen, bedeutet es: „umdenken, anders denken, seinen Sinn ändern". Für die Menschen im griechischen Kulturkreis beginnt alle Veränderung beim Denken. Der Mensch definiert sich durch seine Gedanken und Überzeugungen. Daher ist es wichtig, auf unsere Gedanken zu achten. Von unserem Denken hängt es ab, ob wir uns wohlfühlen und ob wir den Menschen wohlwollend begegnen. Unsere Gedanken können uns krank machen. Sie erzeugen Unzufriedenheit und Missstimmung. Unsere Gedanken sind oft geprägt von vielen Vorurteilen und von unseren Emotionen.
Metanoia – die Einladung zum „Neuen Denken" ist ein wichtiger Aspekt, wenn unser Leben gelingen soll. Die Fastenzeit lädt uns ein, unser Denken zu überprüfen und zu erneuern. Die Metanoia bricht die verhärteten Fronten auf, macht uns offen zum Dialog und fähig, Neues zu lernen.
Im Römerbrief fordert uns Paulus zu diesem neuen Denken auf: „Gleicht euch nicht dieser Welt an, sondern wandelt euch und erneuert euer Denken, damit ihr prüfen und erkennen könnt, was der Wille Gottes ist: was ihm gefällt, was gut und vollkommen ist." (Röm 12,2)


**Übung** „Es gehört mehr Mut dazu, seine Meinung zu ändern, als ihr treu zu bleiben", schreibt FRIEDRICH HEBBEL. Die Fastenzeit fordert uns heraus, unsere Meinungen und Denkgewohnheiten zu überprüfen. Es ist eine Zeit, in der wir lernfähig und dialogbereit werden.
Als Übung für den Tag könnte man einmal eine Zeitung oder Zeitschrift lesen, die nicht der eigenen Überzeugung entspricht. Noch besser finde ich den Vorschlag, die Bibel zur Hand zu nehmen. Ich könnte zum Beispiel das Markus-Evangelium lesen. Jeden Tag ein Kapitel. Ob die biblische Botschaft in meinem Denken etwas ändert?

## Cantus firmus: Gott ist barmherzig

*So spricht der Herr: Kehrt um zu mir von ganzem Herzen,*
*mit Fasten, Weinen und Klagen. Zerreißt eure Herzen,*
*nicht eure Kleider, und kehrt um zum Herrn, eurem Gott;*
*denn er ist gnädig und barmherzig, langmütig und reich an Güte.*
*(Joel 2,12)*

**Wort für den Tag**    Die Fastenzeit ist eine Zeit der Umkehr und Wandlung. Aber „man wandelt nur, was man annimmt"[3] C.G. JUNG. Das Wort des Propheten Joel, das in der österlichen Bußzeit im Gottesdienst öfter vorgetragen wird, verbindet mit der Umkehrforderung die Zusage: „Euer Gott ist gnädig und barmherzig, langmütig und reich an Güte." Nicht der strenge Richter, sondern der gütige Vater schaut uns an. Von einem Freund, der es gut mit uns meint, nehmen wir gern eine Ermahnung an. Bei der Kritik eines Gegners verteidigen wir uns. Dass Gott es gut mit uns meint, zieht sich wie ein Refrain durch die biblischen Bücher. Die Grundmelodie heißt: Gott ist gnädig und barmherzig.

Wer Freude an der Musik hat oder wer selbst musiziert, weiß, was ein „Cantus firmus" ist. Es ist die Melodie, die einem mehrstimmigen Satz zugrunde liegt, ein „fester Gesang", der immer wiederkehrt. Man wartet geradezu darauf, dass die Melodie sich wiederholt. Die Meisterschaft des Komponisten erkennt man an den Variationen des „Cantus firmus".

Auch die Bibel kennt solche festen Themen der Verkündigung, die in allen Büchern der Hl. Schrift wie eine Grundmelodie wiederholt werden. Ein solcher „Cantus firmus" ist die Verheißung Gottes: Ich bin gnädig und barmherzig. Es ist ein Offenbarungswort, das zuerst im Buch Exodus dem Mose übergeben wird. Gott hat am Sinai seinen Bund mit dem Volk Israel geschlossen. Doch sofort bricht das Volk die Treue und tanzt um das goldene Kalb. Gott zürnt und will das Volk vernichten. Mose aber bietet sein Leben als Sühne an. Gott lässt sich versöhnen und gibt dem Mose nun das Versprechen: „Ich bin gnädig und barmherzig, langmütig und reich an Güte." (Ex 34,6) Dieses Wort aus dem Buch Exodus wird in den Schriften der Bibel immer wieder aufgegriffen. Die Grundmelodie, die sich durch die ganze Verkündigung zieht, heißt: „Gott ist gnädig, barmherzig, langmütig und reich an Güte." Tief hat sich diese Selbstoffenbarung Gottes im Bewusstsein des auserwählten Volkes eingeprägt.

So heißt es in Psalm 86: „Du aber, Herr, bist ein barmherziger und gnädiger Gott, du bist langmütig, reich an Huld und Treue." Im Psalm 116 spricht der Beter: „Der Herr ist gnädig und gerecht, unser Gott ist barmherzig." Psalm 103 ruft aus: „Der Herr ist barmherzig und gnädig, langmütig und reich an Güte." Und noch einmal wiederholt der Psalm 145: „Der Herr ist gnädig und barmherzig, langmütig und reich an Gnade." Wenn die Propheten zur Buße und Umkehr aufrufen, verkünden sie zugleich die Barmherzigkeit Gottes.

Im Buch Jona wird erzählt, dass der Prophet Jona unwillig ist. Er ärgert sich, dass Gott sich über Ninive erbarmt hat. Jona hatte den Bewohnern von Ninive Strafe und Vernichtung gepredigt. Gott aber lässt Güte walten. Jona fühlt sich betrogen. Verärgert schleudert er Gott entgegen: Das habe ich ja gleich gewusst, darum hatte ich auch keine Lust an dem ganzen Unternehmen meiner Bußpredigt, „denn ich wusste ja, dass du ein gnädiger und barmherziger Gott bist, langmütig und voll Güte und dass deine Drohungen dich reuen." (Jona 4,2)

**Übung** Wenn das Wort wahr ist: „Man wandelt nur das, was man annimmt", dann ist es für uns ganz wichtig, dass wir uns bei der Forderung nach Umkehr und Veränderung vergewissern, ob Gott es gut mit uns meint. Ich möchte Sie einladen, ein Wort von HENRI NOUWEN als Tageslosung öfter zu lesen und zu bedenken:

„Alles, was ich Dir sagen möchte, ist in dieser Zusage zusammengefasst: ‚Du bist der geliebte Mensch', und ich kann nur hoffen, dass du diese Worte als direkte Anrede an dich aufnehmen kannst, dir zugesprochen mit aller Zärtlichkeit und Kraft, die Liebe nur je haben kann. Mein einziger Wunsch ist, dass diese Worte in jeder Zelle Deines Wesens widerhallen mögen: ‚Du bist ein geliebter Mensch'."[4]

# Der Mensch stirbt am Brot allein

*Leben und Tod lege ich dir vor, Segen und Fluch.*
*Wähle also das Leben, damit du lebst.*

*(Dtn 30,19)*

**Wort in den Tag**     In den 40 Tagen der österlichen Bußzeit
geht es nicht um strenge Askese und bedrückenden Verzicht,
sondern um neue Wege in ein freieres, glücklicheres Leben. Die
Einladung der Fastenzeit soll den „Mehrwert" des Lebens steigern.
Ein 40-tägiges Fasten ist seit dem vierten Jahrhundert in der
Kirche bezeugt. Die Tage zwischen Aschermittwoch und Ostern
gelten als Fastentage. Die Sonntage sind vom Fasten ausgenom-
men, weil sie immer an die Auferstehung Christi erinnern. Je-
der Sonntag ist ein kleines Osterfest. Aus diesem Grund hat man
im Mittelalter vier Tage für die vier Fastensonntage hinzugefügt.
Deshalb beginnt die Fastenzeit am Aschermittwoch, dem 44.
Tag vor Ostern. Das ist auch der Grund, warum man in Basel die
Fastnacht an einem späteren Termin feiert. Sie haben die alte
Zählung beibehalten und feiern den Morgenstreich genau 40
Tage vor Ostern.
Die Zahl 40 besitzt in der jüdisch-christlichen Tradition einen
hohen Symbolwert. Die Sintflut dauerte 40 Tage und Nächte.
Nur Noah überlebte mit den Lebewesen in der Arche. 40 Tage
war der Prophet Elija zum Berg Horeb unterwegs. Als er erschöpft und lebensmüde unter einem Ginsterstrauch lag, richte-
te der Engel Gottes ihn auf und reichte ihm einen Krug Wasser
und ein Stück Brot. 40 Tage verbrachte Mose auf dem Berg Sinai, um das Gesetz zu erhalten. 40 Jahre dauerte die Wüstenwanderung des Volkes Israel, nachdem Gott sie aus der Sklave-
rei und der Hand des Pharao befreit hatte. In der Wüste murrten
sie bald gegen Mose und gegen Gott und sehnten sich zurück
nach den Fleischtöpfen Ägyptens. Doch der Herr führte sie mit
starker Hand in das gelobte Land.
Bevor Jesus seinen Weg in die Öffentlichkeit begann, fastete er
40 Tage in der Wüste. Der Evangelist Matthäus schreibt: „Als er
vierzig Tage und vierzig Nächte gefastet hatte, bekam er Hun-

ger." (Mt 4,2) Dann trat der Versucher an ihn heran. Ohne Versuchung geht kein Weg durch die Fastenzeit. Jeder wird auf die Probe gestellt. Jesus antwortete dem Teufel, dem Diabolos (wörtlich „Durcheinanderwerfer"): „Der Mensch lebt nicht vom Brot allein, sondern von jedem Wort, das aus dem Munde Gottes kommt."

Wovon lebt der Mensch? Wovon lebe ich wirklich? Was sind die Quellen, aus denen ich schöpfe? Was gibt meinem Leben Kraft und Zuversicht?

„Man kann doch auf Dauer nicht leben von Kühlschränken, Politik, Finanzen und Kreuzworträtseln. Man kann es einfach nicht. Man kann doch nicht leben ohne Dichtung, ohne Farben, ohne Liebe"[5], schreibt ANTOINE DE SAINT-EXUPÉRY. Wovon leben wir wirklich?

In einem Fastenkurs können wir heute die erstaunliche Erfahrung machen, dass wir nur mit dem Schluck Wasser gut leben können. Wir werden auf die elementare Frage zurückgeführt: Was ist eigentlich wichtig in unserem Leben? Die übervollen Kühlschränke sind es nicht. Wofür setze ich meine Kraft ein und manchmal meine Gesundheit aufs Spiel?

Ich bin ein Sucher eines Weges, der mehr ist als Stoffwechsel, Nahrungsaufnahme und Zellenverfall. Ich bin ein Sucher eines Weges, der mehr ist als Karriere, Erfolg und Herzinfarkt. Ich bin ein Sucher eines Weges, der mehr ist als Lust und Frust. Ich bin ein Sucher eines Weges, der mehr ist als ICH. Der Mensch lebt nicht vom Brot allein, er stirbt am Brot allein.


**Übung**   Eine Erzählung von RAINER MARIA RILKE ist tausendmal weitererzählt worden. Sie kann uns heute begleiten:

Während seines Aufenthaltes in Paris kam der Dichter Rainer Maria Rilke täglich an einer Bettlerin vorbei. Sie saß stumm und scheinbar unbeteiligt an einer Gartenmauer. Hatte einer ein Geldstück in ihre Hand gelegt, ließ sie die Münze rasch in ihrer Manteltasche verschwinden. Sie dankte für keine Gabe. Sie sah zu keinem Geber auf. Ihrem Schicksal ergeben hockte sie an der Mauer – ein lebendiges Bild des Bettelns.

Eines Tages bleibt RILKE mit seinem Freund bei der Bettlerin stehen. Und er legt in die Hand der alten Frau – eine Rose. Da geschieht etwas, was noch nie geschehen ist: die Bettlerin sieht auf, ergreift die Hand des Dichters, küsst sie. Dann geht sie mit der Rose davon.

Am nächsten Tag saß die Frau nicht auf ihrem gewohnten Platz. So blieb es am zweiten und dritten Tag; so blieb es eine ganze Woche lang.

Verwundert fragte der Freund den Dichter nach der beängstigenden Wirkung der Gabe. RILKE sagte: „Man muss ihrem Herzen schenken, nicht ihrer Hand." – Auch eine andere Frage konnte sein Freund nicht unterdrücken: wovon denn die Bettlerin all die Tage gelebt habe, da niemand Geld in ihre Hand legte. Rilke antwortete: „Von der Rose!"[6]

Diese Frage begleitet mich heute: Wovon lebe ich wirklich?

## *Fasten – Geschmack am Leben finden*

> *Es ist gut, zu beten und zu fasten,*
> *barmherzig und gerecht zu sein.*
> *Lieber wenig, aber gerecht, als viel und ungerecht.*
> *Besser, barmherzig sein, als Gold aufhäufen.*
>
> *(Tob 12,8)*

**Wort in den Tag** „Tue deinem Leib Gutes, damit deine See-le Lust hat, darin zu wohnen", schrieb die heilige TERESA VON AVILA.
Dieses Wort zitiere ich gern in Fasten-Exerzitien, die ich seit zwanzig Jahren begleite. Wenn eine Gruppe das Fasten beginnt, muss sie zuerst einmal die Vorstellung „verdauen", eine Woche lang nichts zu essen. Aber Fasten hat nichts mit Hunger zu tun. Gezwungen Hunger zu leiden, ist entsetzlich. Fasten ist freiwil-liger Nahrungsentzug. Dabei kann man erstaunlich lange auf Nahrungsaufnahme verzichten, ohne Schaden zu leiden. Der Körper hat seine Depots, auf die er zurückgreift. Dadurch wird er entschlackt. Giftiges wird ausgeschwemmt. In diesen „Essfe-rien" nimmt der Körper die notwendigen Korrekturen vor. Richtiges Fasten wirkt heilend.
Wer fastet, tut seinem Leib Gutes. In den letzten Jahren kann man in unserer Konsumgesellschaft von einer Wiederentde-ckung des Fastens sprechen. Heute fasten Menschen aus unter-schiedlichen Beweggründen. Die einen wollen einfach „abspe-cken". In teuren Fastenkliniken lassen sie sich auf „Null-Diät" setzen. OTTO BUCHINGER, der 34.000 Fastenkuren leitete, be-hauptet, dass fast alle chronischen Krankheiten durch Fasten geheilt werden könnten. Fasten sei jedenfalls besser als die pharmazeutischen Beschwichtigungsversuche durch Medika-mente, die oft nur die Schmerzen mildern.[7]
Es gibt verschiedene Arten zu fasten. Mit dem Hungerstreik möchte man seine politischen Ziele durchsetzen. GANDHI sagte: „Das Fasten ist ein Stück meines Wesens. Ich kann es nicht mehr entbehren, so wenig wie meine Augen. Was die Augen für die äußere Welt sind, ist das Fasten für die innere."
Es gibt das Solidaritätsfasten. Hunger ist die Realität dieser Welt.

Gerade junge Menschen fasten, weil sie sagen: „Die Hälfte der Weltbevölkerung kann sich an diesem Tag nicht satt essen." Sie möchten diese Realität am eigenen Leib spüren. Und sie teilen das Ersparte mit den Hungernden in den Notstandsgebieten unserer Erde. Alle 56 Sekunden stirbt ein Kind an Unterernährung.

Fasten hat seinen Ursprung in der Religion. Jesus selbst hat gefastet. „Als er vierzig Tage und vierzig Nächte gefastet hatte, bekam er Hunger", berichtet der Evangelist Matthäus (Mt 4,2). Die Propheten haben in Israel immer wieder die Umkehr zu Gott mit Fasten und Gebet gefordert. Das Fasten im Monat Ramadan ist für die Muslime eine der fünf Säulen ihres Glaubens. Im Buddhismus und im Hinduismus ist das Fasten ein Weg zur Vollkommenheit.

In unserer Zeit ist das Fasten wiederentdeckt worden. Fast jede Zeitschrift berichtet über Heilfasten und Diätkuren. Von Ärzten empfohlen, von anderen abgelehnt, hat jeder vierte Bürger unseres Landes das Fasten ausprobiert. In einer übersättigten Konsumgesellschaft versucht man, nicht nur mit dem Übergewicht, sondern auch mit dem Überdruss fertig zu werden. Durch Fasten will man das Gewicht reduzieren, den Körper entschlacken und entgiften und die Sinne neu wecken. Die festgefahrenen Gewohnheiten können sich ändern. All dies ist eine Frucht des Fastens. Wichtiger ist, dass Fasten ein Weg nach Innen ist. Fasten ist ein Weg in die seelisch-geistige Mitte unserer Person. Es ist ein Wandlungsprozess, der uns die Abhängigkeiten nimmt und die innere Freiheit schenkt.

**Übung** „Sieben Wochen ohne ..." ist eine Aktion der evangelischen Kirche. Sie fand in den vergangenen Jahren großen Anklang. „Sieben Wochen ohne ..." – das könnte so aussehen: Volle Kleiderschränke, volle Kühlschränke, volle Bücherschränke, volle Mülleimer, volle Pulle aufs Gaspedal, voller Terminkalender – aber keine Zeit, keine Ruhe, keine Stille, keine Zufriedenheit, keine Erfüllung, keine Begegnung, kein Gebet, kein ...

In der Fastenzeit haben wir die Möglichkeit, kleine Schritte zu tun, um einen neuen Lebensstil einzuüben z. B. durch:

*Bewegungsfasten*: Soweit möglich, nicht ständig unterwegs sein; das Fahrrad benutzen oder zu Fuß gehen; mit dem Auto nicht schneller als 100 km fahren; zu Hause sein; bei sich sein.

*Geräuschfasten*: Das Radio läuft nicht ständig oder bleibt ganz aus.

*Kleiderfasten*: Keine neue Kleidung kaufen, die nicht notwendig ist.

*Bilderfasten*: Nur ausgewählte Fernsehsendungen anschauen. An einem Abend in der Woche bleibt der Fernseher ganz aus! Verzicht auf Illustrierte!

*Redefasten*: Nicht über andere herziehen, nicht tratschen; über Wesentliches sprechen.

*Essenfasten*: Einfach essen, kein Fleisch, keine Süßigkeiten, an einem Tag in der Woche fasten, in Ruhe und Gelassenheit essen.

*Trinkfasten*: Keinen Alkohol trinken!

*Rauchfasten*: Auf Nikotin verzichten!

## *Frei werden – Ballast abwerfen*

*Zur Freiheit hat uns Christus befreit.*
*Bleibt daher fest und lasst euch*
*nicht von neuem das Joch der Knechtschaft auflegen.*
*(Gal 5,1)*

**Wort in den Tag** Die Geschichte des Menschen ist eine Geschichte missbrauchter Freiheit. Vom Missbrauch der Freiheit kommt alle Disharmonie zwischen Leib und Seele. Die Begierden machen uns unfrei und süchtig. Durch Verzicht gewinnt der Mensch seine Freiheit neu. Fasten befreit von Zwängen und falschen Bindungen. Fasten ist eine Art „Katalysator", durch den erstaunliche Wandlungsprozesse ausgelöst werden. Der Kampf gegen die Esssucht setzt sich im Kampf gegen die Ichsucht fort. Freiheit ist ein großes Wort. Es kann sich einer noch so viele Freiheiten herausnehmen, und doch wird er dadurch nicht freier, vielleicht sogar abhängiger. Sind wir heute besonders gefährdet, unsere Freiheit zu verlieren und in Abhängigkeiten zu geraten? HANS MAGNUS ENZENSBERGER beschreibt das so:

*Ruf nach dem Befreier*
*Schlafend wate ich in meinem Kettenhemd durch das Eismeer,*
*wo es am tiefsten ist.*
*Das gefrorene Salz reicht mir bis an den Gaumen und ich rufe ...*
*Und ich rufe voll Ingrimm nach einem Schlosser,*
*dass er aufschweiße die Finsternis,*
*dass er die Schollen sprenge,*
*dass er mir öffne mein knirschendes Herz!*[8]

Wo finden wir den Befreier? Können wir uns selbst befreien? Ist Fasten eine Praxis, die durch Verzicht versucht, die Ketten zu sprengen, die uns binden?
Suchtkranke und Drogenabhängige versuchen durch Entziehungskuren ihre Freiheit wieder zu erlangen. Ein mühsames Geschäft! Geht es letztlich nur, wenn ein „Befreier" uns das Kettenhemd aufschweißt und das knirschende Herz öffnet?
ALFRED DELP, der von den Nationalsozialisten ermordet wurde,

schreibt: „Die Geburtsstunde der menschlichen Freiheit ist die Stunde der Begegnung mit Gott."

Was meint dieses Wort? Zuerst müssen wir Freiheit von Willkür unterscheiden. Die Freiheit vollzieht sich im Spielraum von Bindung und Ordnung. Man kann nicht allen Herren dienen, man muss sich für einen entscheiden (vgl. Mt 6,24). Die Zehn Gebote beginnen mit dem Wort: „Ich bin der Herr, dein Gott, der dich aus dem Sklavenhaus Ägypten geführt hat. Du sollst keine fremden Götter neben mir haben" (Dtn 5,6f.). Wenn unsere Bindung an den einen Gott eindeutig ist, dann haben die Götzen keine Macht über uns.

Was gemeint ist, lässt sich am Leben des heiligen Franz von Assisi verdeutlichen. Franz war ein reicher Kaufmannssohn und Jugendkönig seiner Stadt. Als er in der Kapelle San Damiano vom Kreuz die Stimme hörte: „Francesco stelle mein Haus wieder her!", da verwandelte sich sein Leben. Es suchte den Weg der Armut. Alles gab er den Armen. Als später sein Vater ihn enterbte, rief er aus: „Nun kann ich endlich sagen: Vater unser im Himmel." Franziskus nahm sich die Freiheit, auf alles zu verzichten. Er sagte: „Wenn wir Besitz haben, dann brauchen wir Waffen (Anwälte), um ihn zu verteidigen."

Das Motiv dieser Freiheit war Liebe. Da ist nichts gezwungen und abgerungen. Da ist kein Zuckerkranker, der Diät halten muss. Seine Armut war das Kennzeichen einer inneren Freiheit, ein Zeichen seiner „Gottesminne".

„Mache einen Geizhals zum Verliebten, und er wird zum Verschwender." Er schenkt seiner Braut den teuersten Diamantenschmuck, und das tut ihm nicht mehr weh.

Wer verzichtet, braucht ein Motiv. Die Selbstliebe zum Beispiel fordert heute viele Opfer. Schönheit und die schlanke Figur, Ansehen und die eigene Karriere verlangen einen hohen Preis. Da quält man sich ab in Diätkuren, lässt sich eine Schönheitsoperation Unsummen kosten, beendet sein verbissenes Streben nach der Karriere mit dem Herzinfarkt. Ob die Selbstliebe da nicht pervertiert?

Auch die Nächstenliebe ist ein Motiv für Verzicht und Einschränkung. Manche verzichten auf eine erfolgreiche Laufbahn und wählen den Dienst an Kranken und denen, die am Rande der Gesellschaft stehen, als ihren Beruf. Die Bereitschaft, aus Liebe und Leidenschaft für Gott auf alles zu verzichten, wird in der Bibel öfter beschrieben. Im Evangelium fragt Petrus den Herrn: „Du weißt, wir haben alles verlassen und sind dir nachgefolgt. Was werden wir dafür erhalten?" Jesus antwortete: „Ich sage euch: Jeder, der um meinetwillen und um des Evangeliums willen Haus oder Brüder, Schwestern, Mutter, Vater, Kinder oder Äcker verlassen hat, wird das Hundertfache dafür empfangen." (vgl. Mt 19,29)

Wir sind nicht so frei, alles über Bord zu werfen. Wir hängen an vielen Dingen, besonders an uns selbst. Aber den königlichen Weg der Freiheit zu gehen, lohnt sich immer. Denn zur Freiheit hat Christus uns befreit. Lasst uns das Joch der Knechtschaft abwerfen!

**Übung** Ein Heißluftballon gewinnt Höhe, wenn man Ballast abwirft. Ein überladenes Schiff muss bei stürmischem Seegang Fracht über Bord werfen. Leben wir leichter und freier, wenn auch wir Ballast über Bord werfen?

1. Seien Sie mutig und beschließen Sie, in der Fastenzeit Ballast abzuwerfen!
2. Legen Sie fest, was Sie tun wollen und worauf Sie verzichten möchten.
3. Probieren Sie aus, wie es Ihnen mit Ihrem Vorsatz geht.
4. Bei Widerständen halten Sie durch und bei ersten Niederlagen fangen Sie wieder neu an.

## Fasten – eine Entdeckungsreise

*Wenn ihr fastet, macht kein finsteres Gesicht wie die Heuchler.*
*Sie geben sich ein trübseliges Aussehen,*
*damit die Leute merken, dass sie fasten.*
*Amen, das sage ich euch: Sie haben ihren Lohn bereits erhalten.*
*Du aber salbe dein Haar, wenn du fastest,*
*und wasche dein Gesicht, damit die Leute nicht merken,*
*dass du fastest, sondern nur dein Vater,*
*der auch das Verborgene sieht;*
*und dein Vater wird es dir vergelten.*
*(Mt 6,16-18)*

**Wort in den Tag**     Seit vielen Jahren begleite ich Fastenklausuren. Jedesmal habe ich erlebt, wie Teilnehmer staunen, wie leicht man eine Woche ganz auf Nahrung verzichten kann. Die innere Einstellung, die richtige Methode, die Weggemeinschaft einer Gruppe und die Begleitung sind dabei wichtig. In den letzten Jahren trafen sich abends in einer Fastenwoche oft mehr als 50 Personen, die durchaus ihre Alltagsgeschäfte weiter verrichteten. Nach drei Tagen war das Fasten nicht mehr Mittelpunkt unserer Gespräche, um so mehr die innere Verwandlung. Sollten Sie überlegen, ob Sie selbst eine Fastenwoche halten wollen, dann ist zu empfehlen, sich nach einer Gruppe umzuschauen. Viele Gemeinden und Institutionen laden dazu ein. Sollten Sie allein ins Fastenexperiment gehen, dann beginnen Sie bitte am Donnerstag mit dem Obsttag. Da die ersten drei Tage die schwierigsten sind, empfiehlt sich das freie Wochenende. Am Montag stellen sich oft euphorische Gefühle ein. Aus dem Merkblatt, das zwei begleitende Ärzte (J. Abel und C. Schicktanz) erstellten, möchte ich einige Verhaltensregeln zitieren:
Zuerst möchten wir darauf hinweisen, dass es sich in dieser Woche um Vollfasten handelt. Das bedeutet, dass keine energetisch verwertbare Nahrung aufgenommen werden soll. Dies ist sicherlich die radikalste Form des Fastens und hat nichts mit den vielfach in der Medizin therapeutisch genutzten Heilfastenkuren zu tun. Nur für Gesunde ist dieses Fastenexperiment sinnvoll.

Diese Woche sollte nicht von Leistungsdruck geprägt sein, sondern eine positive Erfahrung im Umgang mit dem eigenen Körper vermitteln. Auf Genussstoffe wie Kaffee, Alkohol oder Nikotin muss verzichtet werden.

## Ablauf der Fastenwoche

*„Der Entlastungstag – Obsttag"*: An diesem Tag soll der Körper auf die Fastenzeit vorbereitet werden, indem man ballaststoffreiche Kost zu sich nimmt, z. B. Obst, Reis, Gemüse, Rohkostsalate, Quark mit Leinsamen und vor allem viel Flüssigkeit (mindestens 3-4 Liter). Dieser Tag dient der Einstimmung von Geist und Körper auf die folgenden Fastentage. Keinen Stress, Zeit für Körperpflege, einen Spaziergang und viel Ruhe.

*1. Fastentag*: Am Morgen dieses Tages beginnt als Auftakt zum Fasten die Vorbereitung zur gründlichen Darmentleerung. Empfehlenswert sind hierzu die bekannten Mittel oder eventuell 60 Gramm Glaubersalz oder Bittersalz, dazu und vor allem danach mindestens 3-4 Liter Flüssigkeit trinken.

*2.–6. Fastentag*: Jetzt beginnt das eigentliche Fasten. Je nach Befinden kann durchaus der normale Tagesablauf eingehalten werden, für einige wird es aber empfehlenswert sein, im Alltag den Stress zu vermeiden. Das Fasten lädt ein, alles ruhiger und langsamer anzugehen. Ernährung: Gemüsebrühe ohne Fett, viel Wasser, viel Tee, Gesamttrinkmenge beim Gesunden mindestens 3-4 Liter täglich.

*Fastenbrechen*: Am Ende der Fastenwoche essen wir einen Apfel, der möglichst abgelagert sein sollte. In einer Gruppe wird daraus ein kleines Fest. Damit beginnt jedoch erst die Aufbauphase, die sich über zwei Tage erstrecken sollte. Empfohlen sei, ähnlich wie beim Entlastungstag, eine leichte, ballaststoffreiche Kost, eventuell etwas Quark mit Leinsamen, um den Magen-Darm-Trakt wieder schonend in Gang zu bringen.

## Hinweise

*Kreislaufprobleme*: in gewissem Rahmen normal, am ehesten durch reichlich Trinken zu bessern.

*Medikamentenwirkung*: erheblich verändert, sowohl Resorption als auch Wirkung, vor allem beim Abführen.

*Körperpflege*: im Einzelfall erheblicher Körpereigen- und Mundgeruch! Deshalb häufig duschen und Zähneputzen, bei Bedarf Mundwasser.

*Wärmebedürfnis*: Wer fastet, friert leichter! Also, wärmer anziehen!

*Schlafstörungen*: nachts schlaflos, tagsüber müde – typisches Phänomen, das nicht zu ändern ist; Mittagsschlaf und die frühen Morgenstunden nutzen!

*Konzentration und Leistungsfähigkeit*: kann herabgesetzt sein; Vorsicht beim Autofahren! Wer während des Fastens unter Leistungsdruck steht, hat es schwer. Bei längerem Fasten kann sich die psychische und physische Leistungsfähigkeit allerdings erheblich steigern.

*Kopfschmerzen*: treten relativ häufig auf. Sie lassen sich am besten durch gesteigerte Trinkmenge bessern oder vermeiden.

*Gewichtsverlust*: kann im Extremfall bis zu 10% des Ausgangsgewichts betragen, zum Abbau lästiger Fettpolster ist Kurzzeitfasten nicht geeignet.

*Stimmung*: Schwankungen in alle Richtungen sind möglich. Versuchen Sie, Ihre Umgebung zu verschonen. Einverständnis der Familie einholen ...

*Hunger*: kann durchaus ein großes Problem sein. Grundsätzlich gilt jedoch, dass es leichter fällt, konsequent zu fasten, als immer wieder zu naschen.

*Vorzeitiges Fastenbrechen*: sollte man nicht so tragisch nehmen.

**Übung**   Nicht jeder kann fasten. Aber man könnte die Freitage in der Österlichen Bußzeit als Fasttage gestalten. Ein Tag in der Woche ohne Nahrung tut uns allen in dieser übergewichtigen Gesellschaft gut. Sollte sich Hunger melden, gilt die Empfehlung, mehr zu trinken. Das Fasten ist dabei immer nur Vehikel für die tieferen Wandlungsprozesse. Denn Fasten ist eigentlich ein geistiges Geschehen.

# Solidaritätsfasten

*Ist das ein Fasten, wie ich es liebe, ein Tag,*
*an dem man sich der Buße unterzieht:*
*wenn man den Kopf hängen lässt,*
*so wie eine Binse sich neigt, wenn man sich mit Sack*
*und Asche bedeckt? Nennst du das ein Fasten und einen Tag,*
*der dem Herrn gefällt? Nein, das ist ein Fasten, wie ich es liebe:*
*die Fesseln des Unrechts zu lösen, die Stricke des Jochs zu entfernen,*
*die Versklavten freizulassen, jedes Joch zu zerbrechen,*
*an die Hungrigen dein Brot auszuteilen,*
*die obdachlosen Armen ins Haus aufzunehmen,*
*wenn du einen Nackten siehst, ihn zu bekleiden*
*und dich deinen Verwandten nicht zu entziehen.*
*Dann wird dein Licht hervorbrechen wie die Morgenröte,*
*und deine Wunden werden schnell vernarben.*
*(Jes 58,5-8)*

**Wort in den Tag** Unterm Strich ergibt ein volles Menü mehr als tausend Kalorien. Die Ernährungswissenschaftler sagen, das sei mehr als genug für einen ganzen Tag. Unterm Strich hat jeder dritte Erdenbürger täglich weit weniger an Nahrung zur Verfügung. Derweil überschlagen sich die Illustrierten mit immer neuen Diätvorschlägen.

Eine verkehrte Welt! Die einen essen so viel, dass sie nach der Mahlzeit den Magenbitter brauchen, die anderen sitzen vor leeren Tischen.

Eine verkehrte Welt! Jede Minute stirbt ein Kind an Unterernährung, aber in einigen Ländern Europas schlachtet, verbrennt und vernichtet man viele hunderttausend Rinder wegen Seuchengefahr und aus ökonomischen Gründen, wie man uns sagt.

Eine verkehrte Welt! Der Besitz von 358 Leuten auf dieser Erde ist genauso groß wie das Jahreseinkommen der Hälfte der Weltbevölkerung. Die Hälfte der Weltbevölkerung hat täglich nicht mehr als zwei US-Dollar zur Verfügung.

Wer kann an diesen ungerechten Strukturen etwas ändern? Unsere Ohnmacht wird oft beschrieben. Wenn aber viele Leute viele kleine Schritte tun, dann wandelt sich auch etwas. Fasten ist ja kein Selbstzweck. Wo das Fasten nicht im Dienst des Nächsten steht, verliert es seinen Sinn. Mit dem richtigen Fasten wachsen Solidarität und Barmherzigkeit mit den Ärmeren. Fasten lehrt teilen. Am Ende jeder Fastenklausur haben wir immer den Preis für die Mahlzeiten und Genussmittel, auf die wir verzichtet hatten, im Fastenopfer zusammengelegt. Das Ersparte teilten wir mit den Hungernden in der Welt. Wer fastet, dem liegt die „Option für die Armen" am Herzen.

In der christlichen Tradition gehören diese drei immer zusammen: Fasten – Beten – Almosengeben. AUGUSTINUS (354–430 nach Chr.) nennt Beten und Almosen die „Flügel des Fastens". Ohne sie schleppt man sich mühsam am Boden, mit ihnen bekommt man die nötige Leichtigkeit. Er schreibt: „Das Fasten strengt dich an. Das genügt nicht, wenn es nicht deine Brüder stärkt. Deine Entbehrungen werden fruchtbar, wenn du einem anderen ein Geschenk davon machst. Wie viele Arme kann die Mahlzeit sättigen, die du heute nicht genommen hast? Faste so, dass du dich freust, wenn ein anderer durch deinen Verzicht satt wird."

Schon der Prophet Jesaja hat die Intention des Fastens klar beschrieben: Das ist ein Fasten, das Gott gefällt. Die Fesseln des Unrechts lösen, das Joch zerbrechen, an die Hungrigen dein Brot austeilen, die obdachlosen Armen ins Haus aufnehmen … Die Werke der Barmherzigkeit (Mt 25) kommen beim Fasten in den Blick: Hungrige speisen, Durstigen zu trinken geben, Fremde beherbergen, Nackte kleiden, Kranke besuchen und Gefangene aufsuchen. Der Arme ist das achte Sakrament der Christusbegegnung. Jesus sagt: „Was ihr dem Geringsten getan habt, das habt ihr mir getan!" MUTTER TERESA VON KALKUTTA sagte einmal: „In der Eucharistie empfangen wir Christus mit unseren Händen in der Gestalt des gebrochenen Brotes. Hier in den Slums, im zerstörten Leib der Kranken und Sterbenden berühren wir Jesus auch." Sie fügt aber hinzu: „Nur wer in der Kontemplation das Gesicht Christi erkannt hat, erkennt es wieder im notleidenden Bruder."

**Übung**  Wie reagieren Sie auf einen Text von Heinrich Böll? Stimmen Sie zu, oder ärgern Sie sich über diese Behauptungen? Ist der Text vielleicht eine Herausforderung an das Verhalten eines jeden, der sich Christ nennt? Heinrich Böll fasst das „Spezifikum christlich verstandener Solidarität" so zusammen:

„Selbst die allerschlechteste christliche Welt würde ich der besten heidnischen vorziehen, weil es in einer christlichen Welt Raum gibt für die, denen keine heidnische Welt je Raum gab: für Krüppel und Kranke, Alte und Schwache, und mehr noch als Raum gab es für sie: Liebe für die, die der heidnischen wie der gottlosen Welt nutzlos erschienen und erscheinen."⁹

Ob die Christen die Worte von Böll rechtfertigen? Die Bibel fordert uns jedenfalls heraus, wie das Beispiel aus dem 1. Johannesbrief deutlich zeigt: „Wenn jemand sagt: Ich liebe Gott!, aber seinen Bruder hasst, ist er ein Lügner. Denn wer seinen Bruder nicht liebt, den er sieht, kann Gott nicht lieben, den er nicht sieht." (1 Joh 4,20).

## *Ungelebtes Leben leben*

*Amen, ich sage euch: Wenn das Weizenkorn nicht in die Erde fällt*
*und stirbt, bleibt es allein;*
*wenn es aber stirbt, bringt es reiche Frucht.*
*(Joh 12,24)*

**Wort in den Tag**    „Kleines Beispiel" überschreibt ERICH FRIED
das folgende Gedicht:

*Auch ungelebtes Leben*
*geht zu Ende*
*zwar vielleicht langsamer*
*wie eine Batterie*
*in einer Taschenlampe*
*die keiner benutzt*

*Aber das hilft nicht viel:*
*Wenn man*
*(sagen wir einmal)*
*diese Taschenlampe*
*nach so- und sovielen Jahren anknipsen will*
*kommt kein Atemzug Licht mehr heraus*
*und wenn du sie aufmachst*
*findest du nur deine Knochen*
*und falls du Pech hast*
*auch diese*
*schon ganz zerfressen*

*Da hättest du*
*genauso gut*
*leuchten können* [10]

Wer sich aufbewahren will, verdirbt. Auch ungelebtes Leben
geht zu Ende. Wer wirklich leben will, muss ohne Verlustängste
sich selber geben. Eine Kerze zum Beispiel ist nicht Wachs zum
Aufbewahren, sondern der Sinn der Kerze ist das Licht. Sie soll
entzündet werden und leuchten. Nur Brennende können

leuchten. Licht gibt es nur, wenn einer nicht nur auf Vorrat lebt, sondern wenn einer bereit ist, etwas von sich herzugeben. Wenn die Kerze brennt, schwindet ihr Wachs.

Zu Beginn einer Fastenzeit schickte mir ein Bekannter eine Spruchkarte. Darauf stand: „Was du weggibst, ist dein, was du behältst, geht dir verloren." Wie ist das Wort zu verstehen? Jeder hat nur das, was er weggibt. Der Widerspruch dieses Satzes zur eigenen Erfahrung ist einsichtig. Was ich weggebe, darüber kann ich nicht mehr verfügen. Wie kann man also behaupten: Was du weggibst, ist dein?

Was aber besitze ich wirklich? Wenn ich etwas Kostbares in der Hand halte und die Faust darum balle, verliert es mit der Zeit seinen Wert. Ich muss die Hand öffnen, das Kostbare anschauen, es anderen zeigen. Ich muss es zwischen „dir und mir" ins Spiel bringen. Dann behält es seine Bedeutung. Der Schatz, den wir im Tresor verschließen, mag uns ein sicheres Gefühl verleihen. Aber sogar die Wirtschaft spricht vom toten Kapital. Das Talent, das wir im Acker vergraben, wird uns, wie die Bibel sagt (Mt 25,14-30), wieder genommen.

„Was du weggibst, ist dein, was du behältst, geht dir verloren." Ein Künstler schafft sein Kunstwerk nicht, um es in einem Keller zu verschließen. Er möchte es von anderen anschauen und rühmen lassen. Im Geben, nicht im Festhalten; im Schenken, nicht im Vergraben; im Lieben, nicht im Verweigern finden wir das Leben.

Die Heilige Schrift sagt es in einem Bild: „Wenn das Weizenkorn nicht in die Erde fällt und stirbt, bleibt es allein; wenn es aber stirbt, bringt es reiche Frucht." (Joh 12,24) Wenn das Korn sich weigert und nicht in die Erde will, wird es vergehen und nutzlos sein. Alles ist hineingenommen in den ewigen Kreislauf von Aussaat und Ernte. Wer nur an sich denkt, wer ängstlich festhalten will, verdirbt. Wer sich schenkt, zeugt neues Leben.

Wo aber sind da die Grenzen der Hingabe? Wir können doch nicht alles preisgeben und totale Selbstopferung fordern. Man könnte uns ausnützen und ausbeuten.

Wir müssen unterscheiden zwischen „sich geben" und „sich vergeuden". Der Unterschied zwischen „sich geben" und „sich vergeuden" besteht nicht darin, dass der eine sich wohldosiert gibt, der andere aber total ohne Vorbehalt. Der Unterschied liegt nicht im Maß, wie einer sich gibt. Der Unterschied zwischen „sich geben" und „sich vergeuden" liegt vielmehr im Du. Nur wenn ich mich dir gebe, vergeude ich mich nicht. Mein Leben ist nicht adressiert an ein Nichts, sondern hingeordnet auf ein Du; auf Menschen, die mich annehmen und bejahen. Ich bin nicht da für eine Institution, die mich missbrauchen kann. „Im Du geht das Ich nicht verloren."

Diesen Weg ist Christus gegangen. „Jesus Christus war wie Gott, hielt aber nicht daran fest, Gott gleich zu sein, sondern entäußerte sich, wurde wie ein Sklave und den Menschen gleich." (Phil 2,6). Er hält nicht fest, er gibt sich hin und wird Brot für das Leben der Welt. Wer diesen Weg der Freiheit geht, wird erfahren, was das Wort bedeutet: „Was du weggibst, ist dein, was du behältst, geht dir verloren." Denn was bleibt dir vom Leben? Nur was du gegeben in Liebe, das bleibt. Wenn du leben willst, wage zu lieben.

**Übung** Nehmen Sie eine Kerze und entzünden Sie diese und gönnen Sie sich etwas Zeit zur Besinnung mit einem Gedicht von EVA ZELLER:

**Postscriptum**
*Was ich noch sagen wollte*
*Wenn ich dir einen Tipp geben darf*
*Ich meine – ich bitte dich*
*um alles in der Welt*
*und wider besseres Wissen:*
*Halte dich nicht schadlos*
*Zieh den Kürzeren*
*Lass dir etwas entgehen* [11]

## Kältetod der Gefühle

*Was kann uns scheiden von der Liebe Christi? Bedrängnis oder Not
oder Verfolgung, Hunger oder Kälte, Gefahr oder Schwert?*
*(Röm 8,35)*

**Wort in den Tag**   Mütter erzählen es als eine schöne Erfahrung, wenn sie zum ersten Mal die Herztöne des Kindes in ihrem Schoß verspüren und wahrnehmen. Das kleine Herz
schlägt und pocht und tönt: ein Zeichen des Lebens! Auch im
„Schoß" der Gesellschaft sind Herztöne das beglückende Zeichen von Leben. Ihr Fehlen wäre das beängstigende Signal des
Sterbens. Ist unsere Gesellschaft heute ein freundlicher, lebens-
günstiger Schoß für solche Herztöne? Wo das Interesse einzig
auf Leistung und Erfolg ausgerichtet ist, kann man sich Gefühle nicht leisten.
Ist es in unseren Tagen nicht kälter geworden? Ich meine nicht
die äußeren Temperaturen, sondern das Mitgefühl und die
menschliche Anteilnahme. Wir sitzen abends im bequemen Ses-
sel und schauen uns die schrecklichsten Bilder im Fernsehen an.
Wir wären auch überfordert, wenn wir emotional alles begleiten
würden. Wir stumpfen ab und gehen auf Distanz. Wenn die Zeitungen wieder einmal berichten, dass ein Verstorbener tagelang
in seinem Zimmer lag, bis ihn jemand fand, horchen wir auf.
Viele, die unsere Gesellschaft näher analysieren, beklagen die
Kälte und Gleichgültigkeit. Der Verhaltensforscher KONRAD LO-
RENZ spricht vom „Kältetod der Gefühle", einer Todsünde der zi-
vilisierten Menschheit. Der Theologe MOLTMANN spricht von der
Apathie. Der Philosoph KOLAKOWSKI beklagt die universale
Gleichgültigkeit. In dieser gefühlskalten Welt ist man einander
fremd, weder freundlich noch feindlich, einfach neutral, unin-
teressant, egal!
Wie können wir uns gegen den Kältetod wehren? Gutgemeinte
Sprüche wie „Seid nett zueinander!" helfen uns nicht weiter.
Was haben wir als Christen dagegenzusetzen? Gegen Harther-
zigkeit und Herzlosigkeit, gegen die universale Gleichgültigkeit?
Wenn ich die Bibel richtig verstanden habe, dann ist der Gott,
den sie verkündet, keine kalte, stumme Himmelsmacht, kein

Gott auf Distanz fern über Wolken. Nein, Gott schließt einen Bund mit seinem Volk. Er macht sich verletzbar in seiner Liebe. Er hat leidenschaftliches Interesse an uns Menschen. Er leidet am Abfall des Volkes. Er ist sogar eifersüchtig. Früher fand ich die Vorstellung von einem Gott, der eifersüchtig und zornig ist, allzu menschlich. Ich meinte, man müsste das Gottesbild von diesen anthropomorphen Bildern reinigen. Der transzendente, abstrakte Gottesbegriff schien mir der Wirklichkeit mehr zu entsprechen. Später habe ich begriffen, dass solche Theorien und Abstraktionen den Glauben verkümmern lassen. Heute höre ich gerne andere Worte und nehme sie in mir auf. Jahwe spricht: „Kann denn eine Frau ihr Kindlein vergessen, eine Mutter ihren leiblichen Sohn? Und selbst wenn sie ihn vergessen würde: ich vergesse dich nicht." (Jes 49,15; vgl. 1 Kön 3,26; Jer 31,20.) Wenn wir uns zum biblischen Gott und seinem Sohn Jesus Christus bekennen, dürfen wir uns nicht abfinden mit dem „Kältetod der Gefühle" und mit der „universalen Gleichgültigkeit". Hier ist mehr als nur der Appell: Seid nett zueinander! Die Bibel sagt eindeutig: „Seid barmherzig, wie euer himmlischer Vater barmherzig ist." (Lk 6,36) Und im 1. Johannesbrief heißt es: „Wenn Gott uns so geliebt hat, müssen auch wir einander lieben." (1 Joh 4,11)
Gott hat ein Herz für uns! Diese Zusage ist die Grundmelodie der Hl. Schrift, der immer wiederkehrende Refrain. Dann können auch wir den Nächsten nicht herzlos behandeln. Das Herz wird Augen haben, um die Not der anderen zu sehen. Das Herz wird Hände haben, die helfen und aufrichten, die liebkosen und in den Arm nehmen. Das Herz wird eine Tür haben, an die keiner vergeblich klopft.


**Übung** Heute schlage ich vor, ein großes Blatt Papier zu nehmen. Auf der linken Seite schreibe ich Namen von Menschen, die mir am Herzen liegen und nahe stehen. Auf der rechten Seite schreibe ich Namen von Menschen auf, die vielleicht weit weg sind, deren Not aber mein Herz berührt. Tagsüber ergänze ich diese Sammlung von Namen. Am Abend spreche ich einen Segenswunsch darüber.

## Ein Maß in der Maßlosigkeit

*Du machst dir viele Sorgen und Mühen.*
*Aber nur eines ist notwendig.*
*(Lk 10,41)*

**Wort in den Tag**    „Alles Übermaß ist von den Dämonen",
schrieb im 4. Jahrhundert Abbas Poimen, ein Wüstenmönch.
Leiden wir heute nicht auch unter Maßlosigkeit? Wie in einem
Netz ist der Mensch in Hast und Eile gefangen. Atemlos hastet
er durch die Tage. Die Not der Zeit ist die Zeitnot. Der eigene Le-
bensrhythmus lässt fast keine Atempause mehr zu.
Doch das Leben hat immer ein Maß und braucht eine Ordnung.
Ein alltäglicher Rhythmus ist uns vorgegeben. Der Rhythmus
von Tag und Nacht, von Wachen und Schlafen, von Werktag
und Sonntag. Die Maßlosigkeit verursachen wir selbst. Wir drücken auf den Lichtschalter und verwandeln die Nächte in Tage.
Wir trinken eine Tasse Kaffee und verdrängen die Schläfrigkeit.
Wir schlucken Vitaminpräparate und verkürzen den Urlaub.
Wir haben viele Möglichkeiten, natürliche Ordnungen zu
durchbrechen.
Aber alles Übermaß ist von den Dämonen! Alle Einseitigkeit
macht uns krank. Alle Extreme machen uns depressiv. Die Tugend liegt im Maß, das Laster im Extrem. Es ist die Kunst des Lebens, die richtige Dosierung zu finden. Ein schädliches Gift kann
zur Medizin werden, wenn es im richtigen Maß verabreicht
wird.
Einige besinnen sich wieder auf alte Regeln und erprobte Maßstäbe. So ein uralter Grundsatz ist die benediktinische Lebens-
form: „Ora et labora". Gebet und Arbeit bestimmen den Tages-
rhythmus. In einigen neuen Büchern der Spiritualität wird die
polare Spannung mit den alten Bildern von Marktplatz und
Wüste beschrieben. „Nur wer in der Wüste daheim ist, hat auf
dem Marktplatz etwas anzubieten."
Zwischen Martha und Maria verteidigt Jesus im Evangelium die
Frau, die zu seinen Füßen sitzt. Pflicht und Leistung vertragen
keinen Müßiggang. „Sag ihr doch, sie soll mir helfen!" Doch
zwischen Martha und Maria ergreift Jesus die Partei der Maria:

„Martha, Martha, du machst dir viele Sorgen und Mühen. Aber nur eines ist notwendig." (Lk 10,38-42)
Es gibt also eine Versuchung, die im maßlosen Gebrauch unserer Fähigkeiten liegt. Die Übertreibungen des Guten bringen uns auch zu Fall. Am Beispiel des Heiligen VINZENZ VON PAUL, dem Patron der Caritas, lässt sich das anschaulich zeigen. Sein Einsatz für Arme in Paris kannte keine Grenzen. In späteren Jahren aber kommt er zu der Erkenntnis: „Die Vollkommenheit liegt nicht in Ekstasen."
VINZENZ VON PAUL gründete mit LUISE VON MARILAC die Barmherzigen Schwestern. „Die Straßen der Stadt sind eure Kreuzgänge", sagte er. Die Kranken und Armen drängten zu den Schwestern. Sie wurden mit Bitten und Problemen überhäuft. Sie konnten für sich keine Zeit reservieren. Bald wurden mehrere Schwestern krank. Kann man immer verfügbar sein? 24 Stunden am Tag mit offener Tür leben? Muss man die Liebe verknappen, um besser helfen zu können? Vinzenz von Paul stellte sich dem Problem. Im Alter schrieb er Worte, die für uns heute hoch aktuell klingen. Im Jahre 1655 hielt er folgende Ansprache: „Einige ganz einfache Regeln: Nicht in Ekstasen besteht die Vollkommenheit, sondern in der Verwirklichung des göttlichen Willens ... Obwohl Gott uns gebietet, ihn aus ganzer Seele und aus allen unseren Kräften zu lieben, so will er doch nicht, dass wir dabei unsere Gesundheit beeinträchtigen und untergraben. Nein, nein, Gott verlangt nicht, dass wir uns selbst zugrunde richten ... Sehr oft gehen die Versuchungen des Teufels in diese Richtung: kann er uns nicht unmittelbar zur bösen Tat verleiten, so bringt er uns dazu, mehr Gutes tun zu wollen, als wir vermögen, und treibt uns darin immer weiter, bis wir unter der allzu großen Last und Verpflichtung zusammenbrechen. Die Tugenden liegen immer in einer goldenen Mitte; jede von ihnen berührt mit ihren beiden Extremen das Laster ... Wir müssen auf dem Mittelweg zwischen beiden Extremen wandeln, damit unser Tun wirklich tugendhaft sei. So hat zum Beispiel die Nächstenliebe, von der wir sprechen, ihre beiden schlechten Extreme: gar nicht lieben oder allzu eifrig und stürmisch lieben."[12]
Die Versuchung auch unserer Zeit liegt in der extremen Einseitigkeit, im Verlust des Maßes. Auch das Gute in uns kann per-

vertieren. Es geht um die goldene Mitte, um das richtige Maß. Das ist eine Kunst und hat mit Mittelmäßigkeit nichts zu tun. Wenn wir ehrlich hinschauen, leben wir in vielen Anforderungen einseitig und extrem. Das uralte Wort bleibt gültig: „Alles Übermaß ist von den Dämonen."

**Übung**  Über das Burn-out-Syndrom wird heute viel geredet. Es ist ein Wort für innere Erschöpfung, für Ausgebranntsein. Der Begriff kommt aus der Raumfahrt und meint das Ausbrennen der Trägerraketen, die zur Erde zurückfallen. Gibt es Anzeichen in meinem Leben, die dieses Syndrom beschreibt? Kann ich möglichst genau benennen, was den Stress verursacht? Jede Heilung beginnt mit einer klaren Diagnose.

# Aus Zwängen zur Freiheit befreit

*Er hat uns der Macht der Finsternis entrissen*
*und aufgenommen in das Reich seines geliebten Sohnes.*
*(Kol 1,13)*

**Wort in den Tag**     Wir sind Weltmeister – Weltmeister im Alkoholkonsum. Im Jahrbuch der Sucht von 1996 heißt es: „Mit einem Pro-Kopf-Verbrauch von 1,4 Liter reinen Alkohols steht Deutschland international auf dem ersten Platz." Rund 40.000 Alkoholiker sterben pro Jahr an den Folgen ihres Missbrauchs. Der volkswirtschaftliche Schaden beläuft sich allein bei Alkohol auf 160 Milliarden DM. Eine Statistik, ein paar Zahlen; aber welche Tragödien stecken hinter diesem Suchtverhalten?
Wir sind eine Nation, die das Wort Freiheit groß schreibt. Aber wie viele haben ihre Freiheit längst verspielt. In vielen Netzen kann sich der Mensch heute verfangen. Wer kann durch ein Kaufhaus gehen und unterliegt nicht gewissen Kaufzwängen? Wir sind keine „Leibeigenen" mehr. Aber wer kann über seine Zeit frei verfügen?
Der Apostel Paulus schreibt: „Zur Freiheit hat uns Christus befreit. Bleibt daher fest und lasst euch nicht von neuem das Joch der Knechtschaft auflegen!" (Gal 5,1) Wie umgehen wir die neuen Formen der Knechtschaft und gewinnen unsere Freiheit?
„Wer sich in Liebe bindet, bleibt frei", las ich in einem alten Buch. Ich habe darüber länger nachgedacht. Freiheit und Bindung, wie gehören sie zusammen? Braucht man eine Bindung, um frei zu sein? Braucht man tiefe Wurzeln, um in den Stürmen unserer Zeit zu bestehen? Viele nehmen sich heute Freiheiten heraus und fühlen sich doch abhängig und gebunden. Menschen aber, die sich lieben und in Treue aneinander binden und die um die Verlässlichkeit ihrer Liebe wissen, können sich frei lassen ohne Verlustangst und ohne Eifersucht. Wer sich in Liebe bindet, wird frei.
Die Zehn Gebote beginnen mit dem Satz: „Ich bin der Herr, dein Gott, der euch aus der Knechtschaft befreit hat." Es geht also um die Freiheit des Menschen und um die Gefahr seiner Ver-

sklavung durch Götter und Götzen, durch geheime Verführer. Sie wollen nicht unsere Freiheit, sondern nur unsere Abhängigkeit. Wer sich in Liebe an Gott bindet, bleibt frei und wird nicht in die Fänge der Götzen und Götter fallen. Wir müssen uns entscheiden, wem wir Macht und Einfluss über uns einräumen und unter welcher Herrschaft wir leben wollen. Wer sich für Gott entscheidet, vollzieht einen Herrschaftswechsel.

Was ich meine, erzählt eine uralte Sage aus Griechenland: Sie erzählt vom Krieg der Griechen gegen die Stadt Troja. Zehn Jahre war die Stadt belagert. Dann wurde sie durch eine List zu Fall gebracht. Die Heimfahrt des Odysseus dauert noch einmal zehn Jahre und ist voller Abenteuer, und eines davon ist dieses: Das Schiff der Heimkehrer muss an der Insel der Sirenen vorbei. Sirenen – dieses griechische Wort bedeutet „die Bestrickenden, die Fesselnden" – sind eine Mischung aus Mensch und Vogel mit Krallenfüßen. Mit ihrem im buchstäblichen Sinn bezaubernden Gesang ziehen sie die vorbeifahrenden Seefahrer an, um sie dann umzubringen. Die Insel der Sirenen ist übersät von Skeletten ihrer Opfer. Odysseus ist gewarnt worden. Er befiehlt den Leuten auf seinem Schiff, sich die Ohren mit Wachs zu verstopfen. Er allein will die Ohren offen halten. Aber seine Gefährten müssen ihn fest an den Mastbaum des Schiffes binden. So will er es wagen, die tödliche Gefahr zu bestehen. Als das Schiff sich der Insel nähert, tritt zuerst eine unheimliche Ruhe ein. Dann ertönt der Zaubergesang der Sirenen. Aber Odysseus, der sich in Freiheit gebunden hat, bleibt frei. Er besteht, fest an den Mast gebunden, die tödliche Gefahr und gewinnt so die Heimkehr.[13] Es ist auffallend, wie oft die Christen des Altertums diese Sage erzählt haben. In der Heimkehr des Odysseus sahen sie ein Bild der von vielen Verlockungen und Gefahren bedrohten Lebensfahrt der Christen. Der Christ kann nur bestehen, wenn er in Freiheit sich selbst eine feste Bindung auferlegt. So wie Odysseus sich an den Mastbaum des Schiffes binden lässt, so binden sich die Christen an das Kreuz Jesu Christi. Wer sich in Freiheit gebunden hat, bleibt frei. Wer eine feste Bindung hat, braucht seine Ohren nicht mit Wachs zu verstopfen vor den Verlockungen der Welt. Wer wagt, sich in Liebe zu binden, erlebt die Geburtsstunde einer neuen Freiheit.

**Übung**  Das Urmeter liegt in Paris. Ginge es verloren, stimmten die Entfernungen nicht mehr. Die Uhr ist Maßstab für die Zeit. Ohne sie wäre uns das Chaos gewiss. Der Kompass ist Maßstab für die Richtung. Ohne ihn treiben die Schiffe hilflos auf dem Meer. Der Tachometer ist Maßstab für die Geschwindigkeit. Ohne ihn gerieten wir vermutlich alle ins Rasen.

Jesus Christus – Maßstab und Urmaß für die Menschlichkeit unseres Lebens.

Mittelpunkt, um den sich der Kosmos ordnet. Bindung an diese Mitte heißt größtmöglicher Radius an Freiheit.

Habe ich eine Mitte und einen Maßstab, die mein Leben tragen? Welche „Götter" bestimmen mein Leben? Ist ein Herrschaftswechsel angesagt?

## Gegen Resignation die Vision

*Jesus sagte: „Seid gewiss: Ich bin bei euch
alle Tage bis zum Ende der Welt."*
*(Mt 28,20)*

**Wort in den Tag**   Zwischen Alternativen bewegt sich unser
Leben. Eine Grunderfahrung ist die innere Müdigkeit und Lähmung. Die Alternative zur Resignation heißt Vision. Man kann
sagen: „Die einzig wirksame Gegenkraft gegen Resignation ist
die Vision."
Was aber ist eine Vision? Vision leitet sich aus dem lateinischen
„videre" ab und bedeutet „sehen". Ein zukünftiger Zustand wird
bereits geschaut und in unserer Vorstellung erschaffen. Visionen
entwerfen Bilder, Pläne und Ziele, die sich Menschen erhoffen,
um ihre Zukunft neu zu gestalten. Bei einer Konferenz welt-
weiter Konzerne fragte man: „Was braucht ein Unternehmen,
um Zukunft zu haben?" Kapital und Innovation? Die Antwort
lautete: „Visionen!" Menschen setzen sich immer wieder zusammen, entwerfen Pläne, formulieren Ziele, beschreiben mög-
liche Wege. So wird Zukunft visionär geschaut.
Eine Vision ist Quelle neuer Dynamik und neuer Aufbruchstim-
mung. „Nur wer Mut hat zu träumen, hat auch Kraft zu kämpfen", sagte MARTIN LUTHER KING, der Streiter um Freiheit und
Gleichheit. Visionen im biblischen Sinn sind mehr als klug er-
dachte Pläne der Menschen. Sie sind auch mehr als unterneh-
merische Träume, beispielsweise in einem Jahr Marktführer der
Branche zu sein. Visionen kommen aus der Tiefe einer geistlichen Mitte. Sie sind das Einfallstor Gottes für uns Menschen.
In Krisenzeiten und turbulenten Phasen sind Visionen unentbehrlich. Sie sind wie ein Leitstern in der Dunkelheit, wie ein
Kompass, der die Fahrtrichtung klärt. In Umbruchzeiten wird
oft das Fehlen von Visionen schmerzhaft vermisst. Die Resignation bestimmt dann alles.
Ohne Visionen verkommt das Land. Wenn ROBERT SCHUMAN und
KONRAD ADENAUER nicht den Traum von einem vereinten Europa gehabt hätten, wäre die Entwicklung der letzten Jahrzehnte
nicht möglich gewesen. Visionen setzen neue Kräfte frei. Des-

halb werden sie von Ideologien missbraucht. Der Marxismus führte die Proletarier mit dem Traum vom Paradies auf Erden in die Sackgasse. Hitler verführte die Massen mit seiner Ideologie vom 1000jährigen Reich.

Visionen und Träume sind auch in unserem persönlichen Leben die Alternative gegen Enttäuschungen und Resignation. Auf den Trümmern unserer Erwartungen suchen wir nach den Leuchtspuren durch die Dunkelheit. Zu oft erleben wir, dass unsere Träume zerbrechen:

Als wir jung waren, bauten wir viele Traumschlösser. Der Traum von der großen Liebe. Der Traum vom Erfolg und der großen Karriere. Traumhaft schöne Reisen, Sonnenschein und Glück. Was ist aus unseren Kinderträumen geworden? Wenn Sie zurückschauen: Aus der Traum!

Zerbrochene Träume: Vielleicht haben Sie sich ein Leben lang abgerackert, waren für Ihre Kinder da. Ihre Kinder sollten es einmal besser haben. Aber die Kinder geraten anders, als Sie sich das vorgestellt haben. Heute können Sie nur mit Sorge und bangen Fragen an Ihre Kinder denken. Wieder: Aus der Traum!

Zerbrochene Träume: Sie fanden Erfüllung in Ihrem Beruf. Ihre Aufstiegschancen waren gut. Ihre Familie war stolz auf Sie. Dann der Zusammenbruch der Firma. Der Arbeitsplatz wurde einfach wegrationalisiert. Aus der Traum!

Zerbrochene Träume: Sie haben sich nicht geschont. Sie freuten sich darauf, nach der Pensionierung mehr Zeit für sich zu haben. Sie haben dafür gespart. Doch dann kommt die Krankheit. Oder der Gatte stirbt plötzlich. Sie sitzen allein in den vier Wänden. Aus der Traum!

Wie sollen wir leben in einer Welt, in der unsere besten Hoffnungen enttäuscht werden? Wie können wir mit unseren zerbrochenen Träumen überleben? Ein Verlust tut weh. Den Schmerz will ich nicht einfach herunterschlucken und verdrängen. Mir ist ein Mensch lieber, der es tagelang neben meinen Tränen aushält, als jemand, der mir mit Witzen und flotten Sprüchen möglichst bald die Tränen abwischen will. Jeder Schmerz über einen zerbrochenen Traum ist ein Ruf nach Erlösung. Es ist eine menschliche Erfahrung: das Leben geht weiter.

Wenn wir uns nicht verschließen, entdecken wir eine Hand, die man uns reicht, ein Wort, das uns aufrichtet, einen Weg, den wir gehen können. Wenn wir den Blick von den Bruchstücken vergangener Tage lösen, wenn wir nicht nur an der Vergangenheit kleben, dann wendet sich unser Blick in die Zukunft.

**Übung**   Jeder Tag bringt uns viele Strapazen. Gibt es für heute ein Wort, das eine Verheißung birgt? Ich habe oft ein Wort aus dem Psalm 23 mit in den Tag genommen: „Muss ich auch wandern durch das dunkle Tal, ich fürchte kein Unheil. Denn Du bist bei mir."

Eine Verheißung, die auch heute vielen Menschen Kraft für ihr Leben schenkt, ist die Zusage Gottes, dass er uns begleitet. Jesus drückt es so aus: „Seid gewiss: Ich bin bei euch alle Tage bis zum Ende der Welt." (Mt 28,20)

# Befreiung aus der Knechtschaft von Habsucht und Geiz

*Die Wurzel aller Übel ist die Habsucht.*
*Nicht wenige, die ihr verfielen, sind vom Glauben abgeirrt*
*und haben sich viele Qualen bereitet.*
*(1 Tim 6,10)*

**Wort in den Tag**    In einer materialistischen Überflussgesellschaft ist Geiz, verbunden mit Habgier, allgegenwärtig. Niemand ist ärmer als der Geizhals. Der Volksmund sagt: „Willst du jemandem etwas Schlimmes wünschen, dann wünsche ihm viel Geld, dazu einen großen Geiz. Das ist wie sein Todesurteil." In Paris wurde vor Jahren eine Frau tot aufgefunden. Jeder kannte sie. Sie durchwühlte täglich die Mülltonnen nach etwas Essbarem. Sie schlief auf Pappkartons und deckte sich mit Zeitungen zu. Sie nächtigte unter Brücken. Sie starb an Unterernährung. Man fand bei der Toten Sparbücher im Wert von über einer Million Mark.

Was ist der Geiz? Er ist die verschlingende, leidenschaftliche Gier nach materiellem Besitz. Der Geiz ist das Verlangen, diesen Besitz mit keinem anderen zu teilen, sondern ihn zu horten und festzuhalten. Den Geizigen quält die Verlustangst.

Und was ist Habgier? Der Geiz besteht in der Anhäufung von Reichtum, die Habsucht ist das Streben nach Reichtum. Der Habsüchtige ist gierig. Deshalb will er dem anderen seinen Besitz wegnehmen. Der Geizhals hütet das, was er hat. Geiz und Habsucht treiben die Besessenen dazu, immer hinter etwas herzurennen, was nie Befriedigung bringt. Wie viele Probleme in unseren Familien gehen auf Erbstreitigkeiten zurück. Wie viele psychische Zusammenbrüche haben ihre Ursache in der wahnsinnigen Sucht, mit seinem Besitz glänzen zu müssen. Geiz und Habsucht sind Übel unserer Tage.

Das Haben- und Besitzenwollen ist eine Art Einverleiben, wie beispielsweise das Essen. Der Säugling neigt in einer bestimmten Phase seiner Entwicklung dazu, Dinge, die er haben möchte, in den Mund zu stecken. Das ist seine Art des Besitzergreifens. Auch dem Konsumentenverhalten liegt der Wunsch zugrunde, die ganze Welt zu verschlingen. Der Konsument ist der ewige Säugling, der nach der Flasche schreit. Das wird offenkundig bei pathologischen Phänomenen wie Alkoholismus und Drogensucht. Wie gut versteht es die Werbung, unseren Appetit anzuregen.

Hast du was, bist du was! Das Bankkonto bestimmt den Wert einer Person. Wer kann schon als Einzelner gegen diese kollektive Einstellung etwas ändern? Wer kann sich verweigern und beim Tanz um das goldene Kalb aussteigen? Was können wir tun, um vor Geiz und Habsucht geschützt zu sein? Gibt es Wege, die uns von der Besessenheit des Geldes befreien?

Eine erste Antwort gibt mir ERICH FROMM. In seinem Buch „Haben oder Sein"[14] zeigt er Grundlagen einer neuen Gesellschaft. In seiner Darstellung steht die „Existenzweise des Habens" für die Übel der gegenwärtigen Zivilisation, die „Weise des Seins" aber für die Möglichkeit eines erfüllten, nicht entfremdeten Lebens. Der Mensch, der nicht mehr vom Besitz und Habenwollen, sondern vom Sein bestimmt wird, kommt zu sich selbst. Diesem Menschen gilt Besitz nicht viel, Liebe jedoch alles. Er schöpft Freude aus dem Geben und Teilen und nicht aus dem Horten und der Ausbeutung anderer. Nicht was einer hat, sondern was einer in seiner tiefen Existenz ist, macht seinen Wert aus.

Geiz und Habsucht sind nicht einfach zu besiegen. Früher kannte man ein Trainingsprogramm. „Askese" hieß das Wort. In der österlichen Bußzeit, der Fastenzeit, versucht man seit vielen Generationen, durch freiwilligen Verzicht ein Stück Freiheit zu gewinnen. Bei der Askese geht es nicht um eine düstere Kasteiung des Fleisches, sondern um ein Trainingsprogramm zur Unabhängigkeit von all den Zwängen, die unser Leben bestimmen.

Zeigt die Bibel uns einen Weg? Mehrfach spricht Jesus davon, dass der Geizige kaum Aussichten habe, in den Himmel zu kommen. Der reiche Jüngling, den Jesus in seine Nachfolge beruft und den der Geiz abhält, Jesus zu folgen, geht traurig weg. Noch trauriger aber ist Jesus. „Wie schwer ist es für einen Menschen, der am Besitz hängt, in den Himmel zu kommen. Leichter geht ein Kamel durch ein Nadelöhr." (vgl. Lk 18,24f.) Die Jünger fragen erschreckt: „Wer kann dann noch gerettet werden?"

Doch die Lektion lernen wir nur schwer. Das Glück liegt nicht im Anhäufen von Reichtum. In einer biblischen Erzählung wird diese Wahrheit drastisch geschildert:

„Auf den Feldern eines reichen Mannes stand eine gute Ernte. Da überlegte er hin und her: Was soll ich tun? Ich weiß nicht, wo ich meine Ernte unterbringen soll. Schließlich sagte er: So will ich es machen: Ich werde meine Scheunen abreißen und größere bauen; dort werde ich mein ganzes Getreide und meine Vorräte unterbringen. Dann kann ich zu mir selber sagen: Nun hast du einen großen Vorrat, der für viele Jahre reicht. Ruh dich aus, iss und trink, und freu dich des Lebens! Da sprach Gott zu ihm: Du Narr! Noch in dieser Nacht wird man dein Leben von dir zurückfordern. Wem wird dann all das gehören, was du angehäuft hast? So geht es jedem, der nur für sich selbst Schätze sammelt, aber vor Gott nicht reich ist." (Lk 12,16-21) Niemand ist ärmer dran als der Geizhals. Narren sind wir, denn das Totenhemd hat keine Taschen.

**Übung**   In unserer Gesellschaft besitzen viele Menschen so viel, dass sie nur einen Bruchteil davon genießen können. Sie verdienen so viel, dass sie es für sich nie verbrauchen können. Ob die folgende Erzählung auch uns in Frage stellt?
Ein Fischer sitzt am Strand und blickt auf das Meer, nachdem er die Ernte seiner mühseligen Arbeit auf den Markt gebracht hat. Warum er nicht einen Kredit aufnehme, fragt ihn ein Tourist. Dann könne er einen Motor kaufen und das Doppelte fangen. Das brächte ihm Geld für einen Kutter und einen zweiten Mann ein. Zweimal täglich auf Fang hieße das Vierfache verdienen! Warum er eigentlich herumtrödele? Auch ein dritter Kutter wäre zu beschaffen; das Meer könnte viel besser ausgenutzt werden, ein Stand auf dem Markt, Angestellte, ein Fischrestaurant, eine Konservenfabrik – dem Touristen leuchten die Augen. „Und dann?" unterbricht ihn der Fischer. „Dann brauchen Sie gar nichts mehr zu tun. Dann können Sie den ganzen Tag hier sitzen und glücklich auf Ihr Meer hinausblicken!" Darauf sagte der Fischer: „Aber das tue ich doch jetzt schon."[15]

## *Sabbatzeit für Werktätige*

*Sechs Tage sollst du arbeiten und all deine Geschäfte erledigen;*
*der siebte aber ist Ruhetag zu Ehren des Herrn, deines Gottes.*
*An ihm sollst du keine Arbeit verrichten.*

*(Ex 20,9-12)*

**Wort in den Tag**    Aufstehen, Frühstück, Straßenbahn, vier
Stunden Büro oder Fabrik, Essen, vier Stunden Arbeit, Straßenbahn, Fernsehen, Schlafen, Montag, Dienstag, Mittwoch ... Immer der gleiche Ablauf. Sie leben – wozu eigentlich?
Der Arbeiter und der Angestellte sind wie kleine Räder im großen Räderwerk, gebraucht und verbraucht vom Umlauf des Alltags. Sie sind nicht verbittert, nicht rebellisch, einfach müde.
„Im Schweiße deines Angesichtes sollst du dein Brot essen",
heißt es in der Bibel (Gen 3,1). Im Alten Testament wird die Arbeit als Fluch und Verhängnis gedeutet. Als der Mensch aus dem
Paradies vertrieben wird, wird er mit der Mühsal der Arbeit be-
straft. In der westlichen Welt wird die Arbeit nicht nur als not-
wendiges Übel angesehen, als Tätigkeit der Knechte und Sklaven. Der Fleißige wird gelobt und der Leistungsstarke anerkannt.
Schon der griechische Philosoph HESIOD schreibt: „Arbeit schän-
det nicht", und EURIPIDES verkündet: „Kein fauler Mensch ist vortrefflich. Aber die Arbeit adelt!" Jahrhunderte später stand über
den Eingangstoren zu den Konzentrationslagern der Nationalsozialisten: Arbeit macht frei!
Im technischen Zeitalter hat sich die Arbeit des Menschen tief-
greifend verändert. Computergesteuerte Maschinen ersetzen
den Menschen. Rationalisierte Produktionsprozesse machen die
Arbeit immer mechanischer, manchmal auch stumpfsinniger.
Das Handwerk ist durch den Handgriff ersetzt worden. Die Arbeit
ist keine Tätigkeit, die der Mensch aus Neigung und innerem
Antrieb tut, und doch bestimmt sie wesentlich sein Leben. Aber
die Arbeit ist nicht der einzige Inhalt seines Lebens. Die Arbeits-
tage werden unterbrochen durch den Sonntag. Am Wochenende
erfahren wir, dass unser Leben auch ohne Arbeit sinnvoll ist.
Das Heidentum kannte keine Sabbatruhe. Der arbeitende
Mensch wurde rücksichtslos ausgebeutet. Erst in Israel wurde

dieser brutalen Behandlung eine Schranke gesetzt. Im Sabbatgebot tritt Gott als Anwalt des Menschen auf: „Sechs Tage sollst du arbeiten und alle deine Geschäfte erledigen, der siebte aber ist Ruhetag zu Ehren des Herrn, deines Gottes. An ihm sollst du keine Arbeit verrichten, weder du noch dein Sohn, noch deine Tochter, noch dein Knecht, noch deine Magd, noch der Fremde, der innerhalb deiner Tore wohnt." (vgl. Ex 20,9–12).

Die erste Arbeitszeitverkürzung haben nicht die Gewerkschaften erkämpft. Die erste Arbeitszeitverkürzung hat das Gesetz Gottes in der Geschichte der Menschheit durchgesetzt. Die Sabbatruhe ist ein Geschenk an den Menschen. Der Sieben-Tage-Rhythmus ist ein tiefes Bedürfnis der ganzen Schöpfung. In der Französischen Revolution und später nach der Oktoberrevolution in Russland gab es Versuche, die sogenannte Dekade, die Zehn-Tage-Woche einzuführen. Man erlebte, dass die Pferde vor den Pflügen zusammenbrachen.

Die Feier des Sonntags reicht bis in die Mitte des ersten Jahrhunderts zurück. In Rom übernimmt man den heidnischen Namen „Sonntag", deutet ihn aber christlich: An diesem Tag ist Jesus Christus, die wahre Sonne, auferstanden aus der Nacht des Todes. Jeder „Herrentag – domenica" ist ein kleines Osterfest. Unter Kaiser Konstantin wurde die Sonntagsruhe für das ganze Römische Reich gesetzlich verpflichtend. In unserem Grundgesetz sind die Sonntage und die staatlich anerkannten Feiertage geschützt. Um des Menschen willen sollten wir nicht daran rütteln. Der Sonntag schenkt uns einen Zeitraum der Freiheit zur Erholung und zur menschlichen Begegnung.

**Übung** Überlegen Sie einmal, wie Sie den vergangenen Sonntag erlebt haben. Ist es ein Tag gewesen, an dem Sie „Farben sammelten für den grauen Alltag"?
Wie kann ich mich auf den kommenden Sonntag einstimmen? Wie wird er für mich zum Ruhe- und Erholungstag? Wenn der Sonntag „Tag des Herrn" ist, welche Möglichkeiten habe ich, einen Gottesdienst zu besuchen?

## Exodus – Abschied und Aufbruch: Türen zu neuem Leben

*Der Herr sprach zu Abram: Zieh weg aus deinem Land,*
*von deiner Verwandtschaft und aus deinem Vaterhaus*
*in das Land, das ich dir zeigen werde.*
*(Gen 12,1)*

**Wort in den Tag** „Auch der längste Weg dieser Erde beginnt mit dem ersten Schritt." Dieses chinesische Sprichwort macht auf eine oft vergessene Selbstverständlichkeit aufmerksam. Um den ersten Schritt zu tun, muss man seinen Standpunkt verlassen, seinen inneren Schwerpunkt verlagern, den einen Fuß von der Erde lösen und sich trauen, einen neuen Ort zu suchen, um wieder Boden unter den Fuß zu bekommen. Jeder Schritt ist ein Abenteuer. Hilde Domin sagt: „Ich setzte den Fuß in die Luft, und sie trug." Dies Sprachbild widerspricht unserer alltäglichen Erfahrung, die uns lehrt, dass unsere Schritte nur auf sicherem Grund zum Ziel führen. Dennoch ist dieses Gedicht „wahr". Denn es gibt eine innere Gewissheit, die mehr bedeutet als die Gesetze der Physik.

Der erste Schritt beginnt mit Abschied und Aufbruch. Exodus, der Aufbruch ist ein uraltes Motiv und eine Tür zu neuem Leben. Warum reisen die Menschen heute so gern? Warum entdeckt man das Wandern und Pilgern wieder neu? Der heilige Augustinus gibt schon im vierten Jahrhundert die Begründung: „Das unruhige Herz ist die Wurzel der Pilgerschaft. Im Menschen lebt eine Sehnsucht, die ihn hinaustreibt aus dem Einerlei des Alltags und aus der Enge seiner gewohnten Umgebung. Immer lockt ihn das andere, das Fremde. Doch alles Neue, das er unterwegs sieht und erlebt, kann ihn niemals ganz erfüllen. Seine Sehnsucht ist größer. Im Grunde seines Herzens sucht er ruhelos die ewige Heimat. Alle Wege, zu denen der Mensch aufbricht, zeigen ihm an, dass sein ganzes Leben ein Pilgerweg zu Gott ist."

Das Aufbrechen hat seine eigene Dynamik. Wer ruft uns eigentlich auf den Weg? Was ermutigt uns, Abschied zu nehmen?

Woher nehmen wir die Kraft, die vertraute Umgebung zu verlassen? Eines ist gewiss: Wer aufbricht, kann nur dann den Absprung wagen, wenn er weiß: „Es muss doch mehr als alles geben." (DOROTHEE SÖLLE) Es ist wie eine innere Stimme, die uns ruft. Zugvögeln gleich brechen wir auf, getrieben von einer inneren Gewissheit. Alle Motive des Aufbruchs sind letztlich Sehnsuchtsmotive, weil alles mit der Sehnsucht beginnt, die nie häuslich werden darf. Sie ist die treibende Kraft, die durchhalten lässt. Fernweh und Neugier tragen nur für eine kurze Wegstrecke. Die wahre Sehnsucht aber drängt, immer neu aufzubrechen, das Ziel vor Augen und im Herzen.

Der Aufbruch – der Exodus – ist ein Urerlebnis des Glaubenden. Wir gehen fort, weil uns hier etwas fehlt. Wir brechen auf, weil wir nicht länger warten können. Die Suche nach einer Heimat treibt uns in die Fremde. „Geh!" heißt das Wort, das Gott zu Abraham sprach. „Geh!" das ist die Lebensmelodie des Glaubenden. Auszug aus dem Gewohnten, Abschied vom festen Standort, sich immer wieder auf den Weg machen. Gott rief Israel weg von den Fleischtöpfen Ägyptens. Aus Sattheit und Sesshaftigkeit führte er das Volk in die Wüste, in die Entbehrung und in den Durst, damit es Ausschau halte nach den wahren Quellen.

Der Aufbruch ist Voraussetzung, Gott zu begegnen, denn Gott begegnet uns nur im Aufbruch. Jahwe ist der mitgehende Gott, der „Weg-Gott der Nomaden". Jede Epoche der Glaubensgeschichte Israels beginnt mit einer Aufbruchssituation, mit einem Exodus: Abraham verlässt seine Heimat, Israel wird aus Ägypten geführt; die Propheten werden aus ihrem bisherigen Lebenskreis herausgerufen; schließlich sind Exil und neue Landnahme weitere Aufbrucherfahrungen Israels. Nur im ständigen Aufbrechen kann sich Israel in Jahwe festmachen, und jedes Sesshaftwerden ist oft der Beginn einer Glaubenskrise.

Für die Fastenzeit ist die Frage hilfreich, ob mein Leben zu bürgerlich, zu häuslich geworden ist. Bin ich als „Nesthocker" bequem und sesshaft geworden? Der Exodus – der Abschied und der Aufbruch – ist aber das Tor zum Leben. Unsere Lebenszeit ist die Probe darauf, den Abschied einzuüben. Viele Abschiede, viele kleine Tode müssen wir erleben und erleiden, bis wir reif sind, den letzten Abschied mit Würde zu bestehen. „Loslassen" ist der wichtigste Begriff der Spiritualität. Und die Hospiz-Bewegung lehrt uns, „abschiedlich" zu leben. Von Abschied zu Abschied, bis der letzte uns gelingt.

**Übung**   Ob der Abschied eine Therapie ist, um zu gesunden? Überdenken Sie heute einmal die Verse von HERMANN HESSE. Vielleicht hören Sie eine aktuelle Botschaft heraus für Ihre eigene Situation?

### Stufen

*Wie jede Blüte welkt und jede Jugend*
*Dem Alter weicht, blüht jede Lebensstufe,*
*Blüht jede Weisheit auch und jede Tugend*
*Zu ihrer Zeit und darf nicht ewig dauern.*
*Es muss das Herz bei jedem Lebensrufe*
*Bereit zum Abschied sein und Neubeginne,*
*Um sich in Tapferkeit und ohne Trauern*
*In andre, neue Bindungen zu geben.*
*Und jedem Anfang wohnt ein Zauber inne,*
*Der uns beschützt und der uns hilft, zu leben.*

*Wir sollen heiter Raum um Raum durchschreiten,*
*An keinem wie an einer Heimat hängen,*
*Der Weltgeist will nicht fesseln uns und engen,*
*Er will uns Stuf' um Stufe heben, weiten.*
*Kaum sind wir heimisch einem Lebenskreise*
*Und traulich eingewohnt, so droht Erschlaffen,*
*Nur wer bereit zu Aufbruch ist und Reise,*
*Mag lähmender Gewöhnung sich entraffen.*

*Es wird vielleicht auch noch die Todesstunde*
*Uns neuen Räumen jung entgegen senden,*
*Des Lebens Ruf an uns wird niemals enden...*
*Wohlan denn, Herz, nimm Abschied und gesunde!* [16]

## Bring ein Stück Wüste in dein Leben

*Die Apostel versammelten sich wieder bei Jesus*
*und berichteten ihm alles, was sie getan und gelehrt hatten.*
*Da sagte er zu ihnen: Kommt mit an einen einsamen Ort,*
*wo wir allein sind, und ruht ein wenig aus.*
*Denn sie fanden nicht einmal Zeit zum Essen,*
*so zahlreich waren die Leute, die kamen und gingen.*
*Sie fuhren also mit dem Boot*
*in eine einsame Gegend, um allein zu sein.*
*(Mk 6,30-32)*

**Wort in den Tag**    Die Wüste hat viele Gesichter. Wir betrachten den Globus und entdecken: „Die Wüste wächst." Große Teile unserer Erde sind Ödland: Sandwüsten und Steinwüsten, Steppen und unfruchtbarer Boden. Die Wüste hat viele Gesichter: Schneewüsten und Wasserwüsten. Und gehören unsere Betonwüsten in den Städten auch dazu? Und die Wüsten in uns?

In der Wüste zerbrechen alle Maßstäbe. Das ist die Grenzerfahrung schlechthin: unendliche Weite, Sonnenglut und nächtliche Kälte. Einsamkeit und Stille sind die Erfahrung der Wüste. Trockenheit ist ihr Gesetz und Wasser ihre Sehnsucht. Die Wüste holt den Menschen heraus aus seiner Betriebsamkeit. Wer sich in diese Landschaft hineinwagt, muss warten können. Die Entbehrung der Einöde macht fähig zur Begegnung. Darum ist die Wüste der eigentlich kontemplative Ort, der Ort, wo Gott spricht.

Wüste ist nicht nur ein geographischer Ort. Wüste ist wie eine Ikone, wie ein therapeutischer Schlüssel zum Selbstverständnis. Wüste – führt diese Landschaftsform dem Menschen nicht die ganze Ungeborgenheit seiner Existenz vor Augen und weist ihn hin auf seine totale Abhängigkeit?

Wüste – ist das nicht der Ort eines Lernprozesses von 40 Tagen oder sogar 40 Jahren, der Ort, wo der Mensch in Stille und Einsamkeit zur Erleuchtung kommt?

Wüste – ist das nicht der Ort der Wahrheit, wo man erfährt, wer man wirklich ist und was Gott mit uns vorhat?

Wüste – ist das nicht der Ort der ersten Liebe? Darum sagt der Prophet Hosea: „Ich habe dich in die Wüste gelockt, um dich zu erinnern an den Bund der Liebe." (vgl. Hos 2,16)
Als Mose damals das Volk Israel aus Ägypten in die Wüste führte, war dieser Exodus der Auszug aus der Knechtschaft in eine größere Freiheit. An der Exodusgeschichte können wir lernen, was Gott mit uns vorhat und uns vielleicht noch zumuten wird. Denn Wüste ist der Ort der Wahrheit, wo alle selbstgemachten Götzen und Götter ihre Bedeutung verlieren, wo aller Tingeltangel dieser Welt wertlos wird, wo man mit nackter Existenz, allein auf sich gestellt, Gott ausgesetzt ist.
Genau dies sollte Israel, das Volk Gottes, damals lernen. Es sollte alle falschen Götter, alles Verliebtsein in das je Eigene, alle Unfreiheit, alle Fleischtöpfe Ägyptens hinter sich lassen, um auf einem langen, schwierigen Weg zu lernen, worauf es allein ankommt. Auf diesem Weg durch die Wüste gab es alles, wozu Menschen fähig sind. Es gab Zweifel und Streit, es gab das Meutern und Murren, es gab Abfall und Unglauben, und es gab den Tanz um das goldene Kalb. Vergleichen wir das doch mal mit dem, was die Krisen unserer Zeit sind. Wüste ist dann eine Interpretationshilfe, ein Deutmuster für die Geschehnisse von heute.
Die Wüste ist aber weit weg. Wie kann ich mit ihr in Berührung kommen? In den letzten zwanzig Jahren sind viele Bücher über die Wüste erschienen. Wüste ist zum Motiv, zum Sinnbild der geistlichen Erneuerung geworden. CARLO CARRETTO, der selber eine Zeit in der Sahara lebte, um sein Gleichgewicht wieder zu finden, schrieb in seinem Buch „Wo der Dornbusch brennt": „Wenn das kontemplative Leben nur hinter Klostermauern oder im Schweigen der Wüste möglich wäre, dann müssten wir, um gerecht zu sein, jeder Familienmutter ein kleines Kloster geben und den Luxus einer kleinen Wüste dem Hilfsarbeiter, der im Lärm einer Stadt leben muss, um hart sein Brot zu verdienen ... Wenn du nicht in die Wüste gehen kannst, musst du dennoch in deinem Leben die Wüste suchen. Bring ein Stück Wüste in dein Leben! Verlass von Zeit zu Zeit die Menschen, such die Einsamkeit, um im Schweigen und Gebet deine Seele zu erneuern! Das ist unentbehrlich. Das bedeutet ‚Wüste' in deinem Leben.

Überleg, wo du stehst, deine Arbeit, deine Aufgaben, deine Beziehungen, die Zeitung, die du liest – alles zusammen betrachte als eine Einheit, der du nicht entfliehen darfst. Wüste ist dann kein geographischer Ort, sondern Wüste sind die Minuten, in denen du dich besinnst. Schließe die Augen, atme tief durch! Schaff dir eine ‚Wüste' in deiner Stadt, eine Ecke in deinem Haus, einen Platz in deinem Garten. Bring ein Stück Wüste in dein Leben!"[17]

In der Fastenzeit lassen wir die Fragen zu: Wann bin ich mal ganz allein? Halte ich Stille und Schweigen aus? Verdränge ich die Einsamkeit mit Lärm und Ablenkung? Wenn ich wirklich ein Stück Wüste suche, muss ich manchmal konsequent einen Ortswechsel vollziehen. Das hat auch Jesus erfahren, wie der Evangelist Markus berichtet. Die Apostel kamen von ihren Predigtreisen zurück und wollten Jesus alles berichten. Doch der war beschäftigt. Kranke und Bedürftige bedrängten ihn, als er am Ufer des Sees Gennesaret lehrte. Markus schreibt sogar: „Denn sie fanden nicht einmal Zeit zum Essen, so zahlreich waren die Leute, die kamen und gingen". Das kennen wir doch auch. Wie die Jahrhunderte sich gleichen. Nur der Ortswechsel kann noch helfen. Jesus sagt: „Kommt mit an einen einsamen Ort, wo wir allein sind, und ruht ein wenig aus!" Wie menschlich klingt diese Einladung, dieser Lockruf in die Wüste. „Sie fuhren also mit dem Boot in eine einsame Gegend, um allein zu sein."

**Übung**  Was ich mir heute wünsche? So ein Boot, um vom Ufer der Betriebsamkeit abzustoßen. Um einen Ort zu finden, an dem ich zur Ruhe und Besinnung komme. Ein „Stück Wüste" möchte ich entdecken in meinem Alltag oder am kommenden Wochenende.

## Zwischen Marktplatz und Wüste

*So spricht der Herr: Ich denke an deine Jugendtreue,*
*an die Liebe deiner Brautzeit,*
*wie du mir in die Wüste gefolgt bist,*
*im Land ohne Aussaat.*
*(Jer 2,2)*

**Wort in den Tag**   „Die Stunden der Einsamkeit müssen mit denen der Gemeinsamkeit in einem bestimmten Verhältnis stehen, sonst verkümmern die Horizonte, und die Gehalte werden zerredet und vertan", schreibt der Jesuit ALFRED DELP, der von den Nationalsozialisten ermordet wurde. Er sagt weiter: „Es steht schlimm um ein Leben, wenn es die Wüste nicht besteht oder sie meidet. Das ist eine der bewussten Befreiungstaten, die der Mensch an sich selbst tun muss, dass er sich immer wieder in der Einsamkeit dem ‚großen Frager' und dem echten Anblick der Dinge stellt. Die Wüste gehört dazu."[18]
Die Wüste gehört dazu. Der Marktplatz allein macht unser Leben banal und oberflächlich. „Nur wer in der Wüste daheim ist, hat auf dem Marktplatz etwas anzubieten", sagt ein Sprichwort. Die Beduinen sagen: „Wer aus der Wüste kommt, darf reden." Brauchen wir Stille und Bedenkzeit, damit unsere Worte noch Inhalt haben? Geschwätz und Gerede tönen auf dem Marktplatz aus vielen Mündern und Lautsprechern. Müssen die Stunden der Einsamkeit mit denen der Gemeinsamkeit in einem bestimmten Verhältnis stehen, damit die Gehalte nicht zerredet werden?
MARTIN BUBER, der große jüdische Bibelforscher, hat zu diesem Thema Interessantes gesagt: „Einsamkeit ermöglicht erst Begegnung. In der Betriebsamkeit verlieren wir die Erfahrung, dass wir angewiesen sind auf Gott und den Menschen. Wo der Mensch sein Alleinsein erfährt, erfährt er zugleich, wie sehr seine ganze Existenz ein Schrei nach dem Du ist. Er erfährt, wie wenig er dazu gemacht ist, nur ein Ich in sich selbst zu sein. Einsamkeit ist so wesentlich für die Begegnung wie die Stille für die Musik." (Ich und Du)
Fast die Hälfte der Musik sind Pausen. Sonst wäre die Musik nur Krach und Getöse. Ist unser Leben wie eine Melodie oder eher

Krach und Getöse? Ein Stück Einsamkeit und Alleinsein macht uns erst fähig zur echten Begegnung. Manche Menschen hängen ständig zusammen, haben sich aber nichts zu sagen. Manche sind durch Radio und Fernsehen und alle möglichen Kommunikationsmedien mit Tönen und Worten ständig berieselt, aber ein vernünftiges Gespräch können sie nur selten führen. Wenn wir aber eine Zeit allein waren, halten wir Ausschau nach einem Gast. Wenn wir uns einsam fühlen, freuen wir uns auf eine neue Begegnung. Wenn wir still werden und schweigen können, hören wir die Stimme Gottes. Denn Gott spricht leise wie das Säuseln des Windes und nicht mit der Stimme des Sturmes. (1 Kön 19,11f.)

In der Einöde und in den unendlichen Weiten der Wüste herrschen intensivere menschliche Beziehungen als in manchen Hochhäusern unserer dichtbevölkerten Großstädte, in denen keiner den anderen kennt. Auf den Straßen hasten wir aneinander vorbei und grüßen nicht mehr. In der Wüste ist es selbstverständlich, dass man Halt macht, wenn man einem Menschen begegnet. Man grüßt einander, erkundigt sich nach dem Woher und Wohin, fragt, ob der andere etwas braucht, ob man helfen kann, ob sonst jemand unterwegs ist. Vor der Riesenkulisse der lebensfeindlichen Wüste gilt der Mensch noch etwas. In der Einöde tritt der Mensch nicht als namenloser Teil einer anonymen Masse auf, sondern als der unverwechselbare Einzelne. Die Begegnung mit ihm ist kostbar. Nach tagelangen Fahrten durch menschenleere Gegenden erscheint die Begegnung wie ein Wunder. Hier tut sich Tieferes kund. Wahre menschliche Begegnung gelingt nur im Raum des Schweigens und der Stille.

In der Leere und Lautlosigkeit der Wüste wird man selbst leer und lautlos. Alles Versteckspiel vor sich selbst und vor den anderen trägt nicht mehr. Rollen und Masken fallen. In der Armut der Wüste wird man selbst arm. Die brennende Hitze zeigt, wie ausgedörrt das eigene Selbst ist. Die ausgemergelte Landschaft wird zum Bild des eigenen Ich. Aus dieser Wüstenerfahrung formulierte das Volk Israel seine Gebete. Beim Psalm 63 kann es jeder heraushören: „Gott, du mein Gott, dich suche ich, meine Seele dürstet nach dir. Nach dir schmachtet mein Leib wie dürres, lechzendes Land ohne Wasser. Darum halte ich Ausschau nach dir ...". Freundschaften werden in der Wüste geschlossen – Freundschaften zwischen Menschen, aber auch Freundschaft mit Gott. So geschieht das Paradoxe: Gerade die Einöde wird zum Ort der Kommunikation, die Leere zum Ort der Begegnung, das Schweigen zum neuen Dialog.

**Übung** Was daraus für uns heute folgt? Der eindringliche Appell, wie der russische Dichter JEWTUSCHENKO ihn in seinen Versen formulierte:

*In Zeitnot geraten, wie in ein Netz, ist der Mensch,*
*atemlos hetzt er durch sein Leben*
*und wischt sich den Schweiß.*
*Ein Fluch des Jahrhunderts ist diese Eile.*
*Es wird ganz eilig gezecht und ganz eilig geliebt,*
*ganz tief sinkt die Seele dabei,*
*man martert ganz eilig, vernichtet ganz eilig,*
*ganz eilig sind später Reue und Buße vorbei.*
*Du aber wenigstens, halt inne in deiner Welt,*
*sei's, wenn sie schläft, sei's, wenn sie tobt:*
*Auf halbem Wege wenigstens bleib stehen,*
*dem richtenden Himmel vertraue dich an,*
*denke nach, besinne dich, wenn nicht über Gott,*
*so doch wenigstens ganz einfach über dich selbst!* [19]

# Alle meine Quellen
# entspringen in dir, mein Gott

*Jesus stellte sich hin und rief:*
*Wer Durst hat, komme zu mir, und trinke!*
*Wer an mich glaubt, von dem sagt die Schrift,*
*dass aus seinem Innern*
*Ströme lebendigen Wassers fließen werden.*
*(vgl. Joh 7,37-38)*

**Wort in den Tag**  Man kann die Wüste nur bestehen, wenn man die Oasen kennt, um die Brunnen weiß. Die erste Bedingung, um in der Wüste zu überleben, heißt Wasser. Von Brunnen zu Brunnen, von Quelle zu Quelle hat Israel damals seinen Weg durch die Wüste gefunden. Und die Brunnen mitten in der Wüste sind Gabe Gottes. Auch heute in unserer persönlichen Wüstenerfahrung geht es um die Quellen und Brunnen, aus denen wir schöpfen. Wir brauchen Wünschelrutengeher, die uns die unterirdischen Wasseradern freilegen, damit wir in Dürrezeiten überleben.

HELGA RUSCHE hat das für mich gut ausgedrückt:

*Mein Krug erschöpfte sich.*
*Ich dürste sehr.*
*In meinem Land gibt es kein Wasser mehr.*
*Wie soll den Trank ich spenden,*
*den ich selbst entbehre,*
*wenn du nicht einströmst, Herr,*
*in meine Leere?* [20]

Ja, manchmal sind wir erschöpft, leer, ausgelaugt. In unserem Land gibt es kein Wasser mehr. Wir müssen die alten Quellen wiederentdecken und mit unserem Lebenskrug zum Brunnen gehen.

Das Volk Israel hat in einem langen Lernprozess von 40 Jahren Wüstenwanderung erfahren, dass Gott allein die Quelle ist, die seinem Leben Zukunft schenkt. Am Anfang stand damals das

Murren. Der Ort hieß Massa und Meriba. Das Buch Exodus (17,7) berichtet: „Das Volk dürstete nach Wasser und murrte gegen Mose. Sie sagten: ‚Warum habt ihr uns überhaupt aus Ägypten herausgeführt? Um uns hier verdursten zu lassen?' Und der Herr sprach zu Mose: ‚Geh, nimm deinen Stab, mit dem du auf den Nil geschlagen hast, dort am Felsen werde ich vor dir stehen. Dann schlag an den Felsen, es wird Wasser herauskommen, und das Volk kann trinken!' So tat Mose vor den Augen der Ältesten." Wasser aus dem Felsen mitten in der Wüste – und alle begreifen: Gott ist der Grund zum Leben. In den Durststrecken, wenn nur noch das Murren übrig bleibt, eröffnet Gott die neuen Wege.

Für Israel sind die Quellen und Brunnen ein Grund zum Singen, weil sie Gabe Gottes sind. Durch die Brunnen hindurch schaut Gott nach seinem Volk, sagt Israel. Der Brunnen ist das Auge Gottes. Es gibt Brunnenlieder in der heiligen Schrift. Im Buch Numeri, Kapitel 21, heißt es: „Steig auf, Brunnen! Singt über ihn ein Lied, über den Brunnen, den Heerführer gruben, den die Edlen des Volkes aushoben mit ihren Stäben." Die Quellen und Brunnen, die Gott schenkt, sind Ausdruck des Glaubens und der Zuversicht. Jahwe ist der einzige und alleinige Lebensspender, der Lebensgrund, um in den Durststrecken zu bestehen. Wir brauchen uns nur seiner Führung anzuvertrauen, dann legt er die Quellen frei, dann strömt das Wasser mitten in der Wüste aus den Felsen. Tief hat sich diese Erfahrung in das Herz des Volkes eingraviert. Im Psalm 87 heißt es: „Mädchen singen beim Reigentanz: All meine Quellen entspringen in dir, mein Gott."

Später, als Israel sesshaft wurde, hat sich das Volk selber seine Brunnen und Zisternen gegraben. Die Zisternen werden zum Gerichtsbild. Der Prophet Jeremia klagt: „Ein doppeltes Unrecht hat Israel begangen, mich hat es verlassen, den Quell lebendigen Wassers, um sich Zisternen zu graben, Zisternen mit Rissen, die das Wasser nicht halten." (vgl. Jer 2,13) Wo der Mensch sich seine eigenen Brunnen gräbt, wo der „Homo Faber" auf seine selbstgebastelten Möglichkeiten setzt, da wird er auf Dauer seinen Durst nicht stillen können.

Diese lange Heilsgeschichte Israels mit seinen Durststrecken und Wüstenwanderungen müssen wir im Blick haben, wenn wir den Evangelisten Johannes verstehen wollen. Im Brunnengespräch der Samariterin am Jakobsbrunnen (Joh 4) offenbart Jesus, dass er die Quelle lebendigen Wassers ist, die uns allein Erfüllung schenkt. Er selbst ist der Spender des Lebens, der all unseren Durst endgültig stillen kann. Die Samariterin, eine Frau voller Durst und Sehnsucht – fünf Männer hat sie gehabt – hört die Worte Jesu und findet zum Glauben. „Wenn du wüsstest, worin die Gabe Gottes besteht, und wer es ist, der zu dir sagt: Gib mir zu trinken!, dann hättest du ihn gebeten, und er hätte dir lebendiges Wasser gegeben." „Wer von diesem Wasser trinkt, wird wieder Durst bekommen. Wer aber von dem Wasser trinkt, das ich ihm geben werde, wird niemals mehr Durst haben." Das Wasser wird zur sprudelnden Quelle, die hinüberströmt ins ewige Leben. Plötzlich begreift die Samariterin: „Herr, gib mir dieses Wasser, damit ich keinen Durst mehr habe!"

Der Weg der Heilsgeschichte mit seinen Wüstenerfahrungen und Durststrecken findet seine Antwort im Johannesevangelium Kapitel 7. Da steht am Laubhüttenfest Jesus in der Mitte des Tempelplatzes und ruft: „Wer Durst hat, komme zu mir, und es trinke, wer an mich glaubt." Die Riten des Laubhüttenfestes begannen mit der feierliche Zeremonie des Wasserschöpfens. In festlicher Prozession zogen die Priester vom Tempelplatz hinab zum Schiloahteich und schöpften im goldenen Krug frisches Quellwasser. Auf dem Rückweg wurde der Zug beim so genannten Wassertor mit drei Posaunenstößen freudig empfangen, und man bezog sich auf das Jesajawort: „Ihr werdet in Freude Wasser schöpfen aus den Quellen des Heiles." Am Brandopferaltar wurde das Wasser in die Schalen des Altares gegossen. Da steht Jesus mitten unter dem Volk und ruft: „Wer Durst hat, komme zu mir, und es trinke, wer an mich glaubt!" Die lange heilsgeschichtliche Erfahrung dieses Volkes findet sein Ziel und seine Antwort: „Christus ist die Quelle des Lebens."

In einem Bild fasst der Evangelist Johannes das Mysterium unseres Glaubens zusammen: „Im aufgebrochenen Herzen des Gekreuzigten." Einer der Soldaten stieß ihm seine Lanze in die Seite, und sofort flossen Blut und Wasser heraus. „Sie werden auf den schauen, den sie durchbohrt haben." (Joh 19,37) Für die Väter war das Wasser Symbol für das Sakrament der Taufe, das

Blut für die Eucharistie. Aus dem aufgebrochenen Herzen strömen die lebensspendenden Wasser. Alle Sehnsucht wird gestillt an der Quellwunde seines Herzens, der Brunnen der Liebe, der nie versiegt. „Wer durstig ist, der komme. Wer will, empfange umsonst das Wasser des Lebens." (Offb 22,17)

**Übung**   Das folgende Lied schöpft aus der mystischen Erfahrung unserer Tage. Spricht Sie das an?
„Alle meine Quellen entspringen in dir – in dir, mein guter Gott. Du bist das Wasser, das mich tränkt und meine Sehnsucht stillt. Du bist die Kraft, die Leben schenkt, eine Quelle, welche nie versiegt. Ströme von lebendigem Wasser brechen hervor."

*Dass Du an jedem neuen Tag*
*der Quelle nahe bist,*
*die immer fließt,*
*– und wenn Du neben Dir*
*dann andere durstig siehst,*
*auch einen Becher hast,*
*um ihnen auszuteilen, –*
*das ist mein Wunsch für Dich*
*in wen'gen Zeilen.*[20]

# Wo der Dornbusch brennt

*Mose sagte: Ich will dorthin gehen*
*und mir die außergewöhnliche Erscheinung ansehen.*
*Warum verbrennt denn der Dornbusch nicht?*
*Als der Herr sah, dass Mose näher kam, um sich das anzusehen,*
*rief Gott ihm aus dem Dornbusch zu: Mose, Mose!*
*Er antwortete: Hier bin ich.*
*Der Herr sagte: Komm nicht näher heran!*
*Leg deine Schuhe ab; denn der Ort, wo du stehst,*
*ist heiliger Boden.*
*(Ex 3,3-5)*

**Wort in den Tag**   Wir sind immer in der Gefahr, dass Lähmung und Resignation sich auf unser Herz legen. Jeder kennt das Tief, das uns alle Begeisterung raubt. Ein Brief eines jungen Priesters an seinen Bischof beschreibt eine solche Erfahrung. Er hatte sich als Kaplan in zwei Pfarrstellen abgemüht mit allen möglichen Methoden der Gruppendynamik und der Jugendpastoral. Nun war er leer und ausgelaugt. Er bat seinen Bischof darum, für ein Jahr in die Wüste zu den „Kleinen Brüdern" in der Sahara gehen zu dürfen: „Mir ist klar geworden, dass selbst die organisierteste Pfarrarbeit und die beste Sozialarbeit im Außenstehenden kein Leben erzwingen kann. Gemeinschaft, Freude, Glaube, Hoffnung, Liebe – alles christliche Werte, sie lassen sich nicht organisieren, sondern nur anstecken." Dieser junge Mann wollte für eine Zeit in die Wüste, um dem brennenden Dornbusch zu begegnen, um neu Feuer zu fangen, um sich entzünden zu lassen von dem Feuer der Liebe.

Wir dürfen das Leben nicht nur organisieren. Wir sind in unserem Land eine wohlorganisierte Kirche. Der Caritasverband ist der größte Arbeitgeber. Wir tun ja nicht zuwenig. Wir mühen uns redlich. Im Sozialen tun wir unendlich viel: Krankenhäuser und Sozialstationen, Altenheime, Kindergärten und Schulen. Wir haben großartige Bildungsveranstaltungen. Was fehlt eigentlich? Vielleicht das Feuer! Der Theologe KARL RAHNER hat das bekannte Wort geschrieben: „Die Kirche der Zukunft wird

eine mystische Kirche sein, oder sie wird nicht mehr sein."
Kommt Gott noch vor? Wohnt er in unserer Mitte?

RABBI MENDEL überraschte einst einige gelehrte Männer, die bei ihm zu Gast waren, mit der Frage: „Wo wohnt Gott?" Sie lachten über ihn: „Wie redet Ihr! Ist doch die Welt seiner Herrlichkeit voll!" Er aber beantwortete die eigene Frage: „Gott wohnt, wo man ihn einlässt." Das ist es, worauf es letzten Endes ankommt: Gott einzulassen.

Ich bin überzeugt, dass Gott auch heute an unsere Türen klopft. Man spricht von der „Neuen Religiosität" und der „City-Religion", von der Überwindung der Säkularisation. Gerade in den Städten sucht man nach Mystik und Magie. Das Spirituelle hat seine Nischen verlassen und bewegt sich nun auf profanem Pflaster. Acht Jahre habe ich mich in der City-Seelsorge in Frankfurt engagiert. Ich habe mitten in der Großstadt neue Lernorte des Glaubens entdeckt. Wer die Schicksalswege von Menschen in der Stadt begleitet, erfährt, dass über alle Abgründe hinweg und durch alles Beziehungselend hindurch Gott sich auch heute ins Spiel bringt. Oft habe ich staunend angehört, wie Menschen von der Nähe Gottes berührt wurden: durch Träume oder Visionen, durch Erschütterungen der persönlichen Lebensgeschichte. Die eigene Ohnmacht ist oft die Einbruchsstelle der Gnade Gottes.

Wie zeigt sich Gott? Wo wohnt er heute? Im Grunde müssen wir zwei Dinge immer wieder neu lernen: die Aufmerksamkeit und die Sinnlichkeit. Es gibt keine Erkenntnis, die nicht bei unseren fünf Sinnen ihren Anfang nimmt. Das wussten die großen Theologen des Mittelalters. Sie machten daraus ein Erkenntnisprinzip: omnis cognitio a sensu – alle Erkenntnis beginnt mit der sinnlichen Wahrnehmung – auch die Erkenntnis Gottes. Das bedeutet: Ich muss meine Sinne schulen, damit ich sensibel werde: „Trinkt, oh Augen, was die Wimper hält, von dem goldenen Überfluss der Welt", schreibt GOTTFRIED KELLER. Sehen, hören, riechen, tasten, schmecken – die fünf Sinne sind die Brücken, über die Gott zu uns kommt.

Zur Sinnlichkeit des Leibes kommt die Aufmerksamkeit des Geistes. Ein Gedanke kann uns fesseln, eine Sache kann uns in ihren Bann ziehen, ein Mensch fasziniert uns. Verliebte leben besonders aufmerksam. Sie achten auf die Zeichen des anderen. Verliebte haben wache Augen. Keiner öffnet sein Geheimnis, gibt seinen Reichtum her, wenn man ihn nicht anschaut mit Augen der Liebe. Wo wir mit offenen Sinnen und aufmerksamen Herzen leben, da offenbart sich ein größeres Geheimnis. Denn wir wohnen am Rand des Mysteriums.

Am Anfang der Heilsgeschichte konnte Gott sich zeigen, weil einer aufmerksam lebte. MOSE tat etwas ganz Alltägliches: er hütete Schafe in der Steppe. Es ist nichts Besonderes, dass sich in der Gluthitze der Wüste ein Dornstrauch entzündet. Doch Mose hatte Augen für das Außergewöhnliche, denn der Dornbusch brannte und verbrannte doch nicht.

Auf den ganz gewöhnlichen Wegen unseres Lebens können wir die Spuren Gottes entdecken. Denn die ganze Schöpfung ist voller Gesang. Wenn unsere Augen sehen und unser Herz staunen kann, dann leuchtet ein Stück Himmel in unseren Alltag hinein.

**Übung**  Die englische Dichterin ELIZABETH BARRETT BROWNING beschreibt diese Wahrheit mit folgenden Zeilen:

> *Die Erde ist mit Himmel vollgepackt,*
> *und jeder gewöhnliche Busch brennt mit Gott. –*
> *Aber nur der, der es sieht, zieht die Schuhe aus.*
> *Die anderen sitzen herum und pflücken Brombeeren.*[21]

Sind wir Brombeerpflücker oder ...?

## In den Dornen der Not

*Der Herr sprach:*
*Ich habe das Elend meines Volkes in Ägypten gesehen,*
*und ihre laute Klage über ihre Antreiber*
*habe ich gehört. Ich kenne ihr Leid.*
*(Ex 3,7)*

**Wort in den Tag**   Wir wissen nur wenig von Gott. Aber Gott selbst hat sich den Menschen immer wieder zu erkennen gegeben. Eines seiner Zeichen ist der brennende Dornbusch.

Mose, so erzählt die Bibel, sah in der Wüste einen Dornbusch, der brannte und doch nicht verbrannte. (Ex 3,2) Aus dem Feuer offenbarte Gott seinen Namen: Ich bin der Ich bin da.

Einst wurde ein Rabbi gefragt: „Warum wählte Gott einen Dornbusch, um mit Mose aus ihm zu reden?" Der Rabbi antwortete: „Gott wählte den ärmlichen Dornbusch, um dich zu belehren, dass es auf Erden keinen Platz gibt, an dem Gott nicht anwesend sein könnte. Nicht einmal der Dornbusch in der Wüste ist zu gering."

Eine andere jüdische Überlieferung erzählt: „Gott hat den Berg verlassen und wählte den Dornbusch als Ort des Verweilens, den Strauch, der voller Dornen und Stacheln war, weil er Israels Bedrängnis sah. Er nahm Anteil an ihrer Not." Gott wählte den Dornbusch und warf sein Feuer hinein. Der geringste Strauch, der hinterste Winkel, der letzte Platz ist gut genug als Ort der Erscheinung, als Wohnung für Gott.

Später wird der Sohn Gottes als der mit Dornen Gekrönte in der Mitte seiner Schergen stehen. Der Evangelist Matthäus schreibt: „Sie flochten einen Kranz aus Dornen, den setzten sie ihm auf ... Sie verhöhnten ihn, indem sie riefen: Heil dir, König der Juden!" (Mt 27,29) Der König mit der Dornenkrone ist in Wahrheit unser Bruder in den Dornen, der unsere Not teilen will.

Nun können wir erfahren: selbst dort, wo die „Dornen und Stacheln", wo die Bedrängnisse des Lebens sind, da ist Gott. Gott will uns nahe sein. Er nennt sich selbst: Ich bin der Ich bin da! Aus dem Feuer sein Name und seine Zusage, dass er immer da ist. Der mitgehende Gott bis an den Horizont unserer Geschichte. Er stellt sich zu uns, wo immer wir sind. Er bleibt bei uns, auch wenn wir uns verstrickt haben. Wenn einer in den Dornen festsitzt und ein Mensch sagt: „Ich bleibe bei dir, ich lasse dich nicht im Stich, ich bin für dich da, auch in deiner Not und Bedrängnis", dann handelt er wie Gott.

Man kann den Gottesnamen JAHWE ins Lateinische übersetzen mit: „inter-esse", das heißt „dazwischen sein". Manchmal helfen uns solche begrifflichen Annäherungen, eine Wirklichkeit besser zu erfassen. Wir glauben einem Gott, der ein bedingungsloses Interesse an uns Menschen hat. Er ist nicht ein „Gott an sich" fern über Wolken, der sich selbst genügt. Er ist ein Gott für uns, der in Beziehung treten will mit uns. Er ist der Gott des Bundes, der ein leidenschaftliches Interesse an jedem Einzelnen von uns hat. Schon Augustinus schrieb: „Gottes Leidenschaft ist der Mensch." Das Neue Testament können wir als Beziehungsgeschichte Gottes zum Menschen lesen. In Jesu Leben, Sterben und Auferstehen können wir das Interesse Gottes an dieser Welt erfahren. „So sehr hat Gott die Welt geliebt, dass er seinen einzigen Sohn hingab, um uns zu retten" (vgl. Joh 3,16).

Aus dem Feuer, das nicht verbrennt, sondern verwandelt, das nicht verzehrt, sondern erleuchtet, empfangen wir seinen Namen für alle Generationen: Ich bin der Ich bin da. Er ist da in den Dornen der Not. Der Schrei der Geknechteten und Gequälten ist an sein Ohr gedrungen. In Buch Exodus (3,7-9) heißt es: „Der Herr sprach: Ich habe das Elend meines Volkes in Ägypten gesehen, und ihre laute Klage über ihre Antreiber habe ich gehört. Ich kenne ihr Leid. Ich bin herabgestiegen, um sie der Hand der Ägypter zu entreißen und aus jenem Land hinaufzuführen in ein schönes, weites Land, in ein Land, in dem Milch und Honig fließen. Jetzt ist die laute Klage der Israeliten zu mir gedrungen, und ich habe auch gesehen, wie die Ägypter sie unterdrücken."

Ist das nicht eine wichtige Zusage auch für unsere Zeit: ein Gott, der an unserer Not Anteil nimmt? Ein Gott als Wegbegleiter durch alle Höhen und Tiefen des Lebens, der uns nicht im Stich lässt? Ein Gott, der ein leidenschaftliches Interesse an uns hat?

**Übung**   Ein Gebet, das aus der Zusage von Exodus 3,4 formuliert ist, habe ich an viele, die in Not waren, weitergegeben:

*In die Lichtblicke Deiner Hoffnung und in die Schatten*
*Deiner Angst, in die Enttäuschung Deines Lebens*
*und in das Geschenk Deines Zutrauens lege ich meine Zusage*
Ich bin da!

*In das Dunkel Deiner Vergangenheit und in das Ungewisse*
*Deiner Zukunft, in den Segen Deines Wohlwollens*
*und in das Elend Deiner Ohnmacht lege ich meine Zusage*
Ich bin da!

*In das Spiel Deiner Gefühle und in den Ernst Deiner Gedanken,*
*in den Reichtum Deines Schweigens und in die Armut*
*Deiner Sprache lege ich meine Zusage*
Ich bin da!

*In die Fülle Deiner Aufgaben und in Deine leere Geschäftigkeit,*
*in die Vielzahl deiner Fähigkeiten und in die Grenzen*
*Deiner Begabungen lege ich meine Zusage*
Ich bin da!

*In das Gelingen Deiner Gespräche und in die Langweile*
*Deines Betens, in die Freude Deines Erfolgs*
*und in den Schmerz Deines Versagens lege ich meine Zusage*
Ich bin da!

*In das Glück Deiner Begegnungen und in die Wunden*
*Deiner Sehnsucht, in das Wunder Deiner Zuneigung*
*und in das Leid Deiner Ablehnung lege ich meine Zusage*
Ich bin da!

*In die Enge Deines Alltags und in die Weite Deiner Träume,*
*in die Schwachstellen Deiner Treue*
*und in die Kräfte Deines Herzens lege ich meine Zusage*
Ich bin da! [22]

# Wüstenwanderung

*Das sei uns fern, dass wir den Herrn verlassen
und anderen Göttern dienen. Denn der Herr, unser Gott,
war es, der uns und unsere Väter
aus dem Sklavenhaus Ägyptens herausgeführt hat
und der vor unseren Augen alle die großen Wunder getan hat.*
*(Jos 24,16ff.)*

**Wort in den Tag**   Der Herr hat sein Volk beschützt auf dem Weg durch die Wüste. Die Wüstenwanderung des Volkes Israel kann zum Deutmuster werden für die Geschehnisse von heute. Wir leben in einer Übergangszeit, in einer Art Niemandsland zwischen einer abbröckelnden Tradition und einer Zukunft, die noch keine festen Formen hat.

Ist Europa zu einem Museum geworden? Sind unsere Kathedralen und Kirchen wie leere Schneckenhäuser, aus denen das Leben ausgezogen ist? Nur kostbare Gräber – für Touristen noch interessant? Ist das christliche Abendland an den Rand der Welt gerückt? Der Glaubensschwund macht uns klar, dass uns wieder eine Zeit der Wüstenwanderung erwartet.

Wie können wir in Dürrezeiten überleben? Wie können wir die unterirdischen Wasseradern freilegen, um die Quellen zu entdecken, die uns leben lassen? Was trägt heute, wo die Resignation viele in die Emigration treibt? Wir suchen nach verlässlichen Worten und Bildern, die uns Hoffnung schenken. Einige Quellen möchte ich benennen, die mir Zuversicht geben:

## Der Brunnen der Erinnerung

Die erste Quelle, aus der ich schöpfe, benenne ich mit dem Worte „Memoria". Der Brunnen der Erinnerungen schenkt neue Lebenskraft in Dürrezeiten. Als Israel auf der Wüstenwanderung murrte und keinen Schritt mehr weiter wollte, da sagte MOSE zum Volk: „Erinnert euch doch, wie Gott euch mit starker Hand aus dem Sklavenhaus Ägyptens befreit und am Schilfmeer errettet hat." (vgl. Ex. 13,3)

Als Israel später in der babylonischen Gefangenschaft nichts mehr zu erwarten hatte, als Jerusalem in Schutt und Asche lag, da verkündeten die Exilpropheten: „Denkt doch einmal nach ... erinnert euch an die Großtaten Gottes! Wie wunderbar hat er euch immer wieder errettet." Und aus der Erinnerung wachsen neue Zuversicht und Hoffnung.

## Dennoch

Eine zweite Quelle, aus der ich schöpfe, möchte ich umschreiben mit dem Wort „Dennoch". Mir scheint das ein Schlüsselwort der Heilsgeschichte zu sein. Der Herr lässt sich ein auf unsere Geschichte. Er schließt einen Bund mit seinem Volk. Aber sehr bald läuft Israel den Götzen nach, tanzt um das goldene Kalb. Dennoch bleibt Gott treu. Um seiner eigenen Treue willen fängt er mit Israel immer wieder neu an. Die vielen Bundesschlüsse zeigen Gottes leidenschaftliches Interesse an uns: Der Noah-Bund, der Sinai-Bund, der Zions-Bund, der Neuen Bund in Jesus Christus.

Wenn ich in der Eucharistiefeier das vierte Hochgebet spreche, dann achte ich immer auf zwei Worte: „Dennoch nicht" und „immer wieder neu". Dennoch hat Gott sie nicht verlassen, und immer wieder neu hat er seinen Bund geschlossen. Dieses „Dennoch" ist wie eine Grundmelodie, die immer neu in der Heilsgeschichte aufklingt.

Gott bleibt auch heute treu. An den Grenzen unserer Ohnmacht eröffnet er überraschende Möglichkeiten. Unheilspropheten gibt es heute genug, die das Requiem für alle Glaubensgemeinschaften angestimmt haben. Wenn Gott will, kann er uns dennoch neue Zukunft schenken. Unsere Generation sollte das eigentlich verstehen. Wer hätte vor zwölf Jahren gedacht, dass der Eiserne Vorhang fällt und die Mauer abgerissen wird? Es kommt manchmal ganz anders, als wir erwarten. Wir haben es buchstäblich selbst erlebt: Die Umkehrung aller Verhältnisse. „Die Mächtigen stürzt er vom Thron, die Niedrigen aber erhöht er." (Lk 1,59) Ich vertraue darauf: „Bei Gott ist kein Ding unmöglich!" (Lk 1,37)

## Kundschafter

Die dritte Quelle, aus der ich schöpfe, möchte ich mit dem Wort „Kundschafter" bezeichnen. Als die Israeliten am Ende der

Wüstenwanderung an der Grenze des gelobten Landes stehen, bekommen sie Angst. Sie wollen nicht mehr weiter. Sie haben von Riesen gehört, die das Land bewohnen. Da schicken sie Kundschafter. Diese bringen die Früchte des gelobten Landes und motivieren das Volk, seinen Weg zu Ende zu gehen.

An den Grenzen unserer Möglichkeiten brauchen wir auch heute Kundschafter, die uns ermutigen, den Weg weiterzugehen. Die erste Geschichte über Kundschafter in der Bibel ist die von der Taube des Noah. (Gen 8,8-12) Die Taube fliegt von der Arche weg und erkundet, ob die Wasser der verheerenden Sintflut abgeflossen sind. Sie kehrt mit einem Ölzweig im Schnabel – mit dem Zeichen der Hoffnung – zurück.

Die Botschaft aller Kundschafter ist eine Verheißung oder eine Vision, eine erfüllende Botschaft. Am dunklen Horizont erscheint das Farbenspiel der Morgenröte.

Auch wenn unsere Kathedralen zu Museen werden und unsere Kirchen zu „kostbaren Gräbern", auch wenn unsere Gemeinden schrumpfen und viele Ordensgemeinschaften aussterben sollten, singen wir nicht nur Klagelieder. Denn an vielen Orten gibt es Zeichen des Frühlings und der Neuaufbrüche.[24] Auf dem Hintergrund der Banalisierung und Funktionalisierung unserer Lebensvollzüge ist Religion wieder gefragt, auch wenn sie sich in Formen der Esoterik anbietet. Mystik und Spiritualität haben Hochkonjunktur, auch wenn man sich unverbindlich gibt und jeder sein eigenes Menü zusammenstellt. Die Soziologen werden zu Kundschaftern. Noch vor 40 Jahren vertrat fast jeder Soziologe die These: Je säkularisierter die Gesellschaft, um so weniger haben die Glaubensgemeinschaften eine Überlebenschance. Besonders der Stadt als säkularisiertem Ort prophezeite man eine gottlose Zukunft. Aber nun erwacht das Interesse für Religion gerade in den Städten. Die neue These heißt: Je säkularisierter die Gesellschaft, um so „religions-produktiver"[25] ist sie.

Die Wüstenwanderung des Volkes Israel lehrt uns, dass die Zukunft nicht das Machwerk des Menschen ist. Manche Unheilspropheten haben sich geirrt. „Denn bei Gott ist nichts unmöglich."

**Übung**  Ein „Kundschafter-Text" ist für mich ein Gedicht von
LOTHAR ZENETTI. Ob wir die angstfreie, offene Denkweise des Ge-
dichts annehmen können?

### Die neue Hoffnung

*Es ist nicht zu leugnen:*
*was viele Jahrhunderte galt,*
*schwindet dahin. Der Glaube,*
*höre ich sagen, verdunstet.*

*Gewiss, die wohlverschlossene*
*Flasche könnte das Wasser*
*bewahren. Anders die offene*
*Schale: sie bietet es an.*

*Zugegeben, nach einiger Zeit*
*findest du trocken die Schale,*
*das Wasser schwand. Aber merke:*
*die Luft ist jetzt feucht.*

*Wenn der Glaube verdunstet,*
*sprechen alle bekümmert von*
*einem Verlust. Und wer von*
*uns wollte dem widersprechen!*

*Und doch: einige wagen es trotz*
*allem zu hoffen. Sie sagen:*
*Spürt Ihr's noch nicht?*
*Glaube liegt in der Luft!* [26]

## Die Wüste blüht

*Wüste und Öde sollen sich freuen, die Steppe soll jubeln
und blühen! Bedeckt mit Blumen soll sie üppig blühen …
Mein Volk wird die Herrlichkeit des Herrn schauen,
die Pracht unseres Gottes. Stärkt die schlaffen Hände,
festigt die schlotternden Knie! Sprecht zu den Verzagten:
Seid stark, fürchtet euch nicht! Seht da, euer Gott!*
*(vgl. Jes 35,1-4)*

**Wort in den Tag**     In unserem Studienhaus in Münster lernte einer unserer jungen Mitbrüder, der vor der Priesterweihe
stand, die Bergpredigt auswendig. Ich fragte ihn: „Warum tust
du das? Früher konnte man große Teile der hl. Schrift auswendig, aber heute haben wir doch Bücher genug! Warum lernst du
die Bergpredigt auswendig?" Da sagte er: „Ich weiß ja nicht, ob
ich für mich und für andere später verlässliche Worte bereitliegen habe gegen die Angst. Deshalb möchte ich die Bergpredigt
auswendig in mir haben."
Worte gegen die Angst bereitliegen haben... Was hilft uns, wenn
uns Resignation und Verzagtheit an unsere Grenzen führen?
Wo sind verlässliche Worte und Bilder, die neue Hoffnung wecken? Meister Eckhart, der große Mystiker des Mittelalters, hat
gesagt: „Treibt die Bilder mit den Bildern aus." In der Bibel gibt
es ein Bild, das die Israeliten in der babylonischen Gefangenschaft wieder auf die Beine gebracht hat. Das Bild von der blühenden Wüste. Wer eine blühende Wüste erlebt, ist tief beeindruckt. Monate, manchmal Jahre lang verbranntes, trockenes
Land. Dann der Regen und in ganz kurzer Frist verwandelt sich
die Einöde in einen blühenden Garten.
DAGMAR NICK beschreibt ihre Erfahrung so: „Ich liebe die Wüste
in ihrer Weite. Ich liebe sie selbst, wo sie baumlos und braun
und verdorrt ist, weil in ihr die Verheißung beschlossen liegt,
dass sie blühen wird, nachdem der Winterregen die Wadis in
reißende Ströme verwandelt und die Nomaden aus den Tälern
auf die Höhen hinaufgejagt hat. Ich liebe dies schnelle Geschehen, das die Saat in der grauen Lösserde zu grünen Teppichen
anschwellen lässt. Ich liebe diese plötzliche, niemals zu fassen-

de, überbordende Fruchtbarkeit, das Wunder, an das zu glauben einem immer schwer fällt und das sich in jedem Jahr wieder vollzieht."[27]

Im babylonischen Exil waren für Israel alle Hoffnungen zerstört. Jerusalem lag in Asche, das Volk war in der Verbannung zerstreut. Da weckt der Prophet Jesaja ihre Lebenskräfte mit einem Bild: „Sprecht zu den Verzagten, seid stark, fürchtet euch nicht! Seht da, was Gott vermag!" Er kann aus der Wüste einen blühenden Garten machen. Die Öde und Steppe blühen üppig. Begreift doch, was Gott vermag! Wenn Gott mit euch ist, habt ihr Zukunft. „Stärkt die schlaffen Hände, festigt die schlotternden Knie!" (Anschaulicher kann man eine Predigt nicht halten. Die Verängstigten und Gebeugten richtet der Prophet auf: „Seid stark, fürchtet euch nicht!" (vgl. Jes 35,1f.)

Ein Urwort aus dem Munde Gottes heißt: „Fürchte dich nicht!". Ein Bibelwissenschaftler hat einmal nachgezählt, wie oft dieses Wort im Alten und Neuen Testament vorkommt. Er kam auf 365 mal. Für jeden Tag des Jahres liegt es bereit: „Fürchte dich nicht!" Manchmal wird man sehr empfänglich für verlässliche Bilder gegen die Angst und für Worte der Zuversicht. Wenn wir eine Zeit der Wüstenwanderung erleben, dann halten wir Ausschau. Das ist eine Erfahrung, die viele gemacht haben: Je dunkler es wird, um so deutlicher schenkt Gott uns ein Licht, das uns den Weg weist.

GERTRUD VON LE FORT hat diese Erfahrung in Verse gefasst:

> *Es gibt Blumen, die nur in der Wildnis gedeihen,*
> *Sterne, die nur am Horizont der Nacht erscheinen.*
> *Es gibt Erfahrungen der göttlichen Liebe,*
> *die nur in der äußersten Verlassenheit,*
> *ja, am Rand der Verzweiflung geschenkt werden.*[28]

**Übung**  Bei einer Wanderung durch die Wüste Juda stand ich plötzlich vor ihr. Soweit das Auge reichte, nur Sand und Steine, Trockenheit und Dürre. Ich konnte es nicht fassen, dass hier eine Blume wachsen kann. Eine Asphodelus-Blüte leuchtete wie die „Lilie des Feldes, und selbst Salomo war in all seiner Pracht nicht gekleidet wie sie." (Mt 6,29) Betrachten Sie heute das Bild und lesen Sie daraus die Botschaft, die auch Ihnen geschenkt ist.

*Mitten in der Wüste die Blüte*
*Alles ringsum ist steinig, trocken, verdorrt –*
*Lebensbedrohendes, feindliches Land.*

*Woher nimmt die Blume den Mut, hier zu blühen?*
*Woher schöpft sie die Kraft für dieses Wagnis?*
*Wo ist die Quelle für solche Schönheit?*
*Die Wüste ist fruchtbar und schön.*
*Mit einer einzigen Blüte entfaltet sie*
*Die ganze Pracht des Lebens.*

*Das kann bedeuten:*
*Du darfst hoffen, dass wider Erwarten*
*Blühendes Leben hervorbricht mitten in deiner Wüste.*

# Glücksritter – auf der Suche nach dem nächsten Kick

*Wir haben von Moabs Stolz gehört –*
*es ist stolz über die Maßen –;*
*von seinem Hochmut und Stolz haben wir gehört,*
*von seinem Dünkel und hochfahrenden Sinn.*
*(Jer 48,29)*

**Wort in den Tag**    Eine Erlebnisgesellschaft nennt man unsere Zeit. Wir legen ein rasantes Tempo vor, um Neues zu erleben. Das Abenteuer wird bewusst gesucht. In dieser risikofreien, total versicherten Gesellschaft kommen sich besonders junge Menschen vor wie in Watte verpackt. Sie suchen den letzten Kick und den Nervenkitzel. In Berlin erfand man das tödliche Spiel, den Kopf zum U-Bahnfenster hinauszuhalten und beim nächsten Pfeiler wieder zurückzuziehen. In meinem Urlaubsort in den Alpen wird seit einigen Jahren für „die wilden Abenteuer der Actionshungrigen" geworben: „River Rafting" oder „Bungeejumping". Auf außergewöhnliche Art aus der Gondel aussteigen und 120 Meter am Gummiband in die Tiefe stürzen. Der Adrenalin-Stoß wird zugesichert. Immer ausgefallener werden unsere Einfälle, um den Erlebnishunger zu stillen.
Eine Kurzgeschichte von PETER BAMM bringt für mich die Zeiterscheinung auf den richtigen Nenner. Sie klingt etwas skurril und eigenartig, doch ist sie liebenswürdig erzählt: Ein Herr geht durch eine stille Straße eines besseren Londoner Viertels. Am Eingang einer kleinen Villa sieht er, wie ein Mann sich bemüht, ein Pferd in den Hauseingang zu bugsieren. Er bleibt stehen, nach einer Weile sagt der Mann: „Wissen Sie, wenn Sie Zeit haben, könnten Sie mir eigentlich ein bisschen helfen." „Aber gern!" Sie bugsieren also zusammen das Pferd die Treppe hinauf. Als sie im ersten Stock angekommen sind, will der Herr sich verabschieden. „Aber nein", sagt der andere, „entschuldigen Sie vielmals. Das Pferd muss nämlich noch in die Badewanne." Nach einer weiteren halben Stunde haben die beiden das Pferd in der Badewanne verstaut. Es legt den Kopf auf den Rand und

bleckt mit den Zähnen. Als der Herr sich verabschiedet, fragt er höflichst: „Verzeihen Sie, ich möchte nicht indiskret sein, aber können Sie mir nicht verraten, warum das Pferd in die Badewanne muss?" „Ja", sagt der Mann. „Ich habe nämlich eine Freundin, die hat die Gewohnheit, immer nur ‚Na und' zu sagen. Schenke ich ihr ein Theaterbillet, sagt sie ‚Na und'. Schenke ich ihr eine Rivierareise, sagt sie ‚Na und'. Schenke ich ihr einen Brillantring, sagt sie ‚Na und'." „Schon recht, aber was hat das mit dem Pferd in der Badewanne zu tun?" „Nun, in einer Stunde wird meine Freundin nach Hause kommen. Sie wird ins Badezimmer gehen, um sich die Hände zu waschen. Sie wird zu mir gestürzt kommen: ‚Um Himmels willen! In der Badewanne ist ein Pferd!' Und ich werde sagen: ‚Na und?'"[29]
Sind es nur noch die Extreme wie ein Pferd in der Badewanne, die uns in unserem übersättigten Dasein noch berühren? Wir haben Capri und Venedig gesehen, wir können uns fast alles leisten, studieren Kochbücher, um unseren Gaumen mit noch einer ausgefalleneren Spezialität zu kitzeln, haben Freundschaften durchlebt und den Wechsel nicht gescheut, und was bleibt? „Na und?" Die Sattheit und die Lustlosigkeit bedrohen uns. Da hilft auch kein Bungy Jumping, um einen neuen Kick zu erleben. Es ist schlimm, wenn alle Sehnsucht erstirbt und Überdruss uns bestimmt.
Wir möchten leben. Dieser Wunsch ist ganz stark in uns. Doch es bleibt die Sorge, dass wir das Leben verpassen könnten. Es gibt den Verdacht, dass alles Täuschung sei: Leben am Leben vorbei, Leben aus zweiter Hand. Die Werbung verspricht uns, wir könnten das Glück kaufen. Doch wir sind nur Konsumenten, längst verplant zu festen Preisen.
Die Gesichter der Menschen spiegeln diese Sehnsucht. Alle Welt trägt einen Wunsch in sich. Viele Wünsche. Eine Unendlichkeit von Wünschen. Noch ein Gläschen, noch einen Kuss, noch eine Reise, noch einen Kick. Alle Gesichter sind verwundet von diesem Hunger. WILHELM BUSCH formuliert es mit Humor so: „Ein jeder Wunsch, wenn er erfüllt wird, kriegt augenblicklich Junge." Wir sind wie Zugvögel, die an einem fremden Ort geboren, in sich die geheimnisvolle Unruhe empfinden und den Ruf des Blutes, immer neu aufzubrechen. Diesem Ruf können

wir nicht entfliehen. In allem, was wir tun und erstreben, kommen wir nicht zum Ziel. „Unruhig ist unser Herz, bis es ruht in Gott", sagte AUGUSTINUS schon im 4. Jahrhundert.

Der Mensch ist für die Ewigkeit erschaffen. Er ist keine Eintagsfliege, deren Stunden gezählt sind. In ihm ist eine unendliche Sehnsucht. Wir schauen über den Tellerrand unserer kleinlichen Wünsche. Wir durchbrechen den Horizont unserer alltäglichen Sorgen. Und wir ahnen, dass etwas Größeres in uns schlummert, das wir nie in 70 oder 80 Jahren befriedigen können. Unsere Pläne müssen groß genug sein, um Gott einzuschließen. Sie müssen weit genug sein, um die Ewigkeit zu umfassen.

**Übung**  Die folgende Erzählung kann uns anregen, darüber nachzudenken, was Ziel und Inhalt unseres Lebens sind.

Ein alter Mönch unterhielt sich mit einigen jungen Leuten, darunter auch mit dem jungen Mann Robert. Der Mönch wollte von Robert wissen: „Welches sind Ihre Zukunftspläne?" „Ich möchte schnellstens mit dem Jurastudium beginnen", antwortete der Abiturient. „Und dann?" fragte der Mönch. „Nun, dann möchte ich eine Rechtsanwaltspraxis eröffnen, später möchte ich heiraten und eine Familie gründen." „Und dann, Robert?" „Um ehrlich zu sein", antwortete der junge Mann, „ich möchte recht viel Geld verdienen, mich möglichst früh zur Ruhe setzen und viele fremde Länder besuchen. Das habe ich mir immer gewünscht." „Und dann?" fragte der Mönch in fast unhöflicher Beharrlichkeit. „Mehr Pläne habe ich im Augenblick nicht", entgegnete Robert. Der Mönch sah ihn an und sagte: „Ihre Pläne sind viel zu klein. Sie reichen ja höchstens für 75 oder 80 Jahre. Ihre Pläne müssen groß genug sein, um auch Gott einzuschließen, und weit genug, um auch die Ewigkeit zu umfassen." [30]

# Satt bis zum Überdruss –
# Verwundet durch Unendlichkeit

*Meine Seele sehnt sich nach dir in der Nacht,*
*auch mein Geist ist voll Sehnsucht nach dir.*
*(Jes 26,9)*

**Wort in den Tag**    GUY DE LARIGAUDIE, ein bekannter Pfadfinder, der sein Leben lang in einer unstillbaren Glückssuche fünf Kontinente durchstreift hat, schrieb kurz vor seinem Tod: „Wie in einem Garten von Mauern umgeben, bin ich in der weiten Welt spazieren gegangen. Neugier und Abenteuerlust trieben mich von einem Erdteil zum anderen. Und ich habe mir dort meine Kindheitsträume einen nach dem anderen erfüllt. Den Park unseres alten Hauses, in dem ich meine ersten Schritte gelernt hatte, habe ich bis an die Grenzen der Erde erweitert und das Spiel meines Lebens auf der Weltkarte genossen. Trotzdem haben sich die Mauern des Gartens um mich wieder zusammengezogen, und ich befinde mich noch immer im Käfig. Doch der Tag wird kommen, an dem alle Hindernisse weichen werden, und ich besitze das Unendliche!"[31]

Wir leben, um das Leben zu suchen. Wir leben aus dem Durst nach Unendlichkeit. Sattheit und Überdruss dürfen uns die Sehnsucht nicht nehmen. Wenn wir das Wort „Sehnsucht" hören, denken wir zunächst, das Wort habe sicher etwas mit „suchen" zu tun. Aber es kommt nicht von „suchen", sondern von „siechen", krank sein, verwundet sein. Ist das vielleicht die Grundbefindlichkeit des Menschen, dass er in sich eine offene Wunde trägt? Die offene Wunde „Sehnsucht"? Woher kommt das? AUGUSTINUS, der wie kaum ein anderer die Sehnsucht kannte, sagte: „Das ist so, weil Gottes Sehnsucht den Menschen anzieht. Gottes Leidenschaft ist der Mensch." Ein unerhörtes Wort. Gott hat in seiner Sehnsucht nach dem Menschen ihm diese Wunde Sehnsucht ins Herz eingepflanzt. Gott steht wie der Vater im bekannten Gleichnis vom verlorenen Sohn an der Tür seines Hauses und schaut nach uns aus, wann wir heimkehren. Von dieser Sehnsucht ist unser Herz verwundet.

Gott ist im Innersten aller Kreatur verborgen und ruft uns. Er ist die Heimat aller Menschen. Die Sehnsucht bedrängt uns wie ein Durst, den wir nicht stillen können, soviel wir auch „trinken", weil es uns nach immer mehr verlangt. Sogar fern von Gott bewahren wir in unserem Wesen eine Erinnerung an ihn, von dem wir ausgegangen sind. Wir sind wie die Fische, die im Aquarium noch immer eine Erinnerung ans Meer bewahren und sich jeden Tag im gleichen Rhythmus mit Ebbe und Flut bewegen, auch wenn sie meilenweit vom Meer entfernt sind.

Sehnsucht ist der Anteil, der uns Gott ähnlich macht, weil die Sehnsucht maßlos ist. Wir leben aus dem Durst nach Unendlichkeit. Unsere Wünsche müssen groß genug sein, um Gott einzuschließen. Sie müssen weit genug sein, um die Ewigkeit zu umfassen.

Tief in uns lebt die Sehnsucht, die den Menschen über alle Horizonte hinausführt. Aber haben wir die eine große Sehnsucht aufgelöst in Sehnsüchte? Haben wir einen Plural daraus gemacht? Viele kleine, zerstückelte Sehnsüchte? Und dann glauben wir, wenn wir unsere kleinen Begierden befriedigen, dann seien wir glücklich. Doch dieses Glück ist kurzlebig und wird sehr bald schal. Oft werden die Sehnsüchte, denen wir nachjagen, zur Sucht. Es gibt heute viele Möglichkeiten, so zu tun als habe man alles erreicht. Aber der Mensch wird nicht satt. Wenn man einen Löwen sattgefüttert hat, kann man ohne Gefahr in seinen Käfig gehen. Beim Menschen ist das anders. Seine Sehnsucht kann zur Gier werden. Sie raubt uns die Freiheit und macht uns zu Sklaven der Sucht: Kaufzwänge und Esssucht, Karrierestreben und Abenteuerlust, Sexualtrieb und Machtstreben. Die bekanntesten Verführer sind Alkohol und Drogen. Das Ende vom Lied heißt nicht Glück und Erfüllung, sondern Abhängigkeit und Zwang. Die vielen Suchtkliniken und Entwöhnungskuren zeigen, wie gefährlich das Spiel ist.

Die vielen Sehnsüchte und Wünsche können uns irreleiten, gaukeln uns falsche Ziele vor. Wir finden das Glück nicht dort, wo uns alle geheimen Verführer die Erfüllung versprochen hatten. Augustinus sagt dazu: „Suche, was du suchst, aber nicht dort, wo du es suchst." Wo ist der Ort der Vollendung und des Glückes? Unsere Sinne können wir sättigen bis zum Überdruss.

Bis in die Seele dringt das alles gar nicht vor. Wir haben vielleicht alle Schönheit erlebt, und doch sind wir nicht befriedigt. Irgend etwas fehlt. Auf dem Grund jeder Freude finden wir Trauer und Beklemmung. Unsere Erinnerungen sind unwirklicher als Ansichtskarten. Alle Schönheit ist traurig. Das ist die kosmische Trauer aller Kreaturen, von welcher der Apostel Paulus spricht. In uns wohnt das unstillbare Verlangen, der unendliche Durst nach Glück und Freude und Besitz ohne Ende. Alles menschliches Tun, sogar die Sünde, ist ein Suchen nach Gott. Überall suchen wir ihn: auf Festen und Orgien und Reisen, in Kinos und Bars, in Geschäften und auf Jahrmärkten. Doch finden wir ihn einzig und allein in uns selbst. Sind vielleicht gerade die Menschen, die sich am heftigsten dem Genuss der Sinne hingeben, auch am meisten fähig, Gott zu suchen? Denn ihn suchen sie ja gerade in all ihren Abenteuern, ohne ihn richtig zu finden. Sind sie alle nur fehlgeleitete Mystiker? Und wieder gilt das Wort des HL. AUGUSTINUS: „Suche, was du suchst, aber nicht dort, wo du es suchst."

**Übung**   Gott ist alles in allem. Was wir auch ersehnen und erstreben, ist nur ein Vorgeschmack des vollkommenen Glücks. Bedenken wir das Wort von den „fehlgeleiteten Mystikern". Auch die Aufforderung des AUGUSTINUS: „Suche, was du suchst, aber nicht dort, wo du es suchst", enthält eine wichtige Lebensregel für jeden von uns.

# Die Unterscheidung der Geister

*Liebe Brüder und Schwestern, traut nicht jedem Geist,*
*sondern prüft die Geister, ob sie aus Gott sind;*
*denn viele falsche Propheten sind in die Welt hinausgezogen.*
*(1 Joh 4,1; 1 Kor 12,10; 1 Thess 5,21)*

**Wort in den Tag**     Die Wüste ist der Ort der Unterscheidung der Geister. Der Wüstenvater Antonius lebte im vierten Jahrhundert als Einsiedler in der ägyptischen Einöde. Um ihn sammelten sich Gemeinschaften von Eremiten. Der Abt Antonius wird dargestellt im Kampf mit den Dämonen. Die Laster bedrohen in Tierfratzen den Heiligen. Der Kampf des Menschen gegen das Böse ist der Kampf der Mächte des Lichtes gegen die Mächte der Finsternis. Unser Inneres ist der Schauplatz der Entscheidung. Die Engel gegen die Dämonen, das Gute im Widerstreit mit dem Bösen. Man kann der „bösen Welt" nicht einfach entfliehen, indem man in die Wüste geht. In unserem Inneren müssen wir die Entscheidung treffen für Gott oder für die satanischen Mächte. Dieser Entscheidungskampf ist nicht leicht. Schon der Evangelist Markus schreibt: „Der Geist ist willig, aber das Fleisch ist schwach." (Mk 14,38)
Zu den wichtigsten Dingen meines Lebens gehört das Wort „unterscheiden". Unsere Gesellschaft ist wie ein Supermarkt. Nicht nur Waren werden angeboten, sondern eine Vielfalt von Auffassungen, Überzeugungen und Weltanschauungen. Es ist schwierig, das Gute vom Bösen und das Wahre vom Falschen zu unterscheiden. Wer die Wahl hat, hat die Qual. Wie finden wir heute durch den Dschungel von Informationen und Überzeugungen? So viele Parolen. Welche ist richtig? So viele Gedanken. Welcher ist wichtig? So viele Worte. Welches ist wahr?
Die Erfahrung der Vielfalt und Widersprüchlichkeit der Stimmen, ja das innere Hin-und Hergerissensein ist uralt. Diese Vieldeutigkeit ist Anlass, nach Regeln zu suchen, um im Lärm den Klang der Stimme Gottes herauszuhören. Diese Klärung heißt in der traditionellen Sprache „Unterscheidung der Geister". Der Ausdruck geht auf eine Formulierung des APOSTELS PAULUS zurück, der vom „Charisma" spricht, das fähig macht, die „Geister

zu unterscheiden". (1 Kor 12,10) An anderer Stelle schreibt Paulus: „Prüfet alles und behaltet das Gute!" (1 Thess 5,21) Mit dieser Frage hat sich der HL. IGNATIUS besonders auseinandergesetzt. Er hat Regeln aufgestellt, die helfen, das Gute vom Bösen zu trennen, das Wahre von der Lüge zu unterscheiden. Aus der geistlichen Tradition möchte ich sieben Regeln nennen, wie wir die Stimme Gottes erkennen können.[32]

- „Die Stimme Gottes ist immer vernünftig." Sein Ruf ist nie einfach unsinnig, widervernünftig, irrational. Gott hat die Welt mit Weisheit und Vernunft erschaffen. Wenn man heute sieht, wie Menschen sich durch die Esoterik beeinflussen lassen, wie sie auf Pendel und übersinnliche Kräfte vertrauen, dann ist es besser, den eigenen Verstand zu gebrauchen. Ich kenne einen Bankdirektor, der nur dann einen Vertrag abschließt, wenn sein Horoskop günstig ist.
- „Im Hin und Her verschiedener Neigungen und Vorstellungen führt uns die Stimme Gottes zum klaren Ziel und empfiehlt dafür gute Mittel." In der Bibel heißt es: „An ihren Früchten werdet ihr sie erkennen." (Mt 7,16) Und die Frucht des Geistes ist Liebe, Freude und Frieden.
- „Wo Verwirrung, Streit und Spaltung ist, da ist der Ungeist am Werke." Der Teufel wird in der Bibel der „Diabolos" genannt. Das griechische Wort „diaballein" heißt wörtlich: durcheinanderwerfen. Der große Verwirrer liebt das Chaos. Merkmale des Heiligen Geistes sind Einheit und Eintracht. Er führt zur inneren Harmonie und zur Identität der Person.
- Die nächste Weisung zur Unterscheidung ist sehr kurz: „Gottes Ruf überfordert nicht." Aller Radikalismus kommt nicht von Gott.
- „Gottes Stimme ist immer konkret." Es geht um das Hier und Heute und nicht um phantastische Träumereien. Im Psalm 95 heißt es: „Heute, wenn ihr meine Stimme hört, verhärtet euer Herz nicht."
- Diese Regel ist sehr alt: „Allein die Stimme, die sich auf ein Wort der Heiligen Schrift zurückführen lässt, ist unter den vielen anderen Stimmen die Weisung Gottes." Es macht also Sinn, vor einer Entscheidung die Bibel zu befragen. Augusti-

nus empfiehlt: „Was du auch tust oder was du auch redest, für alles suche das Zeugnis in der heiligen Schrift."

• Die letzte Regel der „Unterscheidung der Geister" heißt: „Die Stimme Gottes ist keine Geheimlehre. Sie muss sich in wichtigen Fällen immer dem Urteil eines anderen aussetzen können." Um Klarheit zu gewinnen, ist ein Gespräch mit einem vertrauten Menschen die größte Hilfe. Die Wahrheit zu prüfen und zu erproben im Gespräch mit einem Freund oder einem geistlichen Begleiter, in der Gruppe oder mit dem Ehepartner, ist immer sinnvoll.

In der Verwirrung unserer Tage hängt der innere Frieden des Menschen von der „Unterscheidung der Geister" ganz wesentlich ab. Wie wichtig das „hörende Herz" ist, das in Weisheit und Klarheit die richtigen Entscheidungen trifft, macht der Traum des jungen Königs Salomo deutlich: Der Herr erschien dem Salomo nachts im Traum und forderte ihn auf: Sprich eine Bitte aus, die ich dir gewähren soll! Salomo antwortete: Verleih deinem Knecht ein hörendes Herz, damit er das Gute vom Bösen zu unterscheiden versteht! Da antwortete ihm der Herr: Weil du nicht um langes Leben, Reichtum oder den Tod deiner Feinde, sondern um Einsicht gebeten hast, um gerechte Entscheidungen zu treffen, werde ich deine Bitte erfüllen. (vgl. 1 Kön 3, 4-12)

**Übung** Um die Weisheit der Unterscheidung beten die „Anonymen Alkoholiker" jeden Tag.

*Gott gebe mir Gelassenheit,*
*Dinge hinzunehmen,*
*die ich nicht ändern kann,*
*den Mut, die Dinge zu ändern,*
*die ich ändern kann,*
*und die Weisheit,*
*das eine vom anderen zu unterscheiden.*[33]

## Die Wüste – Ort der Anbetung

*Dann wurde Jesus vom Geist in die Wüste geführt;*
*dort sollte er vom Teufel in Versuchung geführt werden.*
*Als er vierzig Tage und vierzig Nächte gefastet hatte,*
*bekam er Hunger. Da trat der Versucher an ihn heran und sagte:*
*Wenn du Gottes Sohn bist, so befiehl, dass aus diesen Steinen Brot*
*wird. Er aber antwortete: In der Schrift heißt es: Der Mensch lebt*
*nicht nur von Brot, sondern von jedem Wort, das aus Gottes Mund*
*kommt. Darauf nahm ihn der Teufel mit sich in die Heilige Stadt,*
*stellte ihn oben auf den Tempel und sagte zu ihm:*
*Wenn du Gottes Sohn bist, so stürz dich hinab;*
*denn es heißt in der Schrift: Seinen Engeln befiehlt er,*
*dich auf ihren Händen zu tragen, damit dein Fuß*
*nicht an einen Stein stößt. Jesus antwortete ihm:*
*In der Schrift heißt es auch: Du sollst den Herrn, deinen Gott,*
*nicht auf die Probe stellen. Wieder nahm ihn der Teufel mit sich*
*und führte ihn auf einen sehr hohen Berg; er zeigte ihm alle Reiche*
*der Welt mit ihrer Pracht und sagte zu ihm: Das alles will ich dir*
*geben, wenn du dich vor mir niederwirfst und mich anbetest.*
*Da sagte Jesus zu ihm: Weg mit dir, Satan!*
*Denn in der Schrift steht: Vor dem Herrn, deinem Gott,*
*sollst du dich niederwerfen und ihm allein dienen. Darauf ließ*
*der Teufel von ihm ab, und es kamen Engel und dienten ihm.*
*(Mt 4,1-11)*

**Wort in den Tag**     Israel hat die Prüfungen in der Wüste oft
nicht bestanden. Jesus widersteht den Versuchungen des Bösen.
Er zieht das Wort Gottes dem Brot vor, das Vertrauen auf Gott
den eigenmächtigen Schauwundern, die Anbetung und den
Dienst Gottes jedem Verlangen nach Macht und Weltherrschaft.
Die Versuchungen Jesu in der Wüste, wie sie der Evangelist
Matthäus erzählt, zeigen die Gefährdung des Menschen in seinen Urwünschen auf: Besitz, Ansehen und Macht. Jesus setzt
nicht auf Brot, Ansehen und Macht, die er sich selbst beschaffen könnte. Er setzt allein auf Gott. „Ihn allein sollst du anbeten!" Am Ende der Versuchungen steht die Anbetung.
Was aber heißt anbeten? Wenn ich anbete, bringe ich zum Aus-

druck: „Du, Gott, bist der Schöpfer, ich bin dein Geschöpf." Anbetung ist also die Grundhaltung des Menschen vor Gott. Einer ist größer als ich, und ich beuge freiwillig das Knie. „Das gebeugte Knie und die hingehaltene leere Hand sind die Urgebärden der Freiheit", sagt ALFRED DELP. Dem Grundausdruck der Anbetung steht aber eine Grundversuchung gegenüber. Der Verwirrer, so heißt das biblische Wort „Diabolos", versucht alles durcheinander zu bringen. Er sagt zu Jesus: „Ich will dir alles geben, wenn du niederfällst und mich anbetest." – „Satan, weiche", sagt Jesus. Denn wenn man den Falschen anbetet, dann beginnt das Verwirrspiel. Das war doch die Urversuchung im Paradies: Sie wollten sein wie Gott! Und wenn jemand sein will wie Gott, dann beginnen die kleinen Herrgötter zu herrschen. Dann beginnt das Unheil, weil diese eben kein göttliches Format haben.

Wenn wir anbeten, dann rücken wir diese verrückten Verhältnisse wieder zurecht. „Du, Herr, bist unser Gott und Schöpfer, und wir sind deine Geschöpfe." Dann können wir nicht selbstherrlich als Geschöpfe über die Schöpfung verfügen. Sie ist nicht Objekt unserer Ausbeutung. Alles ist Gabe und Geschenk, uns zur Verantwortung übergeben. Aus der Anbetung ergibt sich die Haltung der Ehrfurcht.

Über ein prophetisches Wort von TEILHARD DE CHARDIN habe ich lange nachgedacht. Er war Theologe und Forscher. Er schrieb vor fünfzig Jahren: „Der Tag ist nicht mehr fern, an dem die Menschheit zwischen Selbstmord und Anbetung wählen kann."[34] Wie ist dieses Wort zu verstehen: Wir müssen bald wählen zwischen Selbstmord und Anbetung? Dass wir die Welt vernichten können, haben wir erfahren. Ich denke dabei nicht nur an die Atomenergie, sondern auch an die Gentechnik. Die Macht des „Homo faber" ist ins Unermessliche gewachsen. Wir dürfen nicht mehr alles machen, was wir machen könnten. Doch der Zauberlehrling wird alle Grenzen überschreiten. Ein paar Maßhalteappelle werden uns nicht helfen. Die Wissenschaftler selber verlangen heute nach einer neuen Ethik, die vor Grenzüberschreitungen bewahrt. TEILHARD DE CHARDIN zeigt einen Weg: Wir müssen zurückkehren zur alten Schöpfungsordnung. Anbetung ist der Urausdruck der Geschöpfe. Sie ist der

Therapiegedanke für die Zukunft. Deshalb müssen wir sehr bald wählen zwischen Selbstmord und Anbetung.

Was Anbetung bedeutet, ist im Bild der Apokalypse gut ausgedrückt. Da stehen die 24 Ältesten, die Repräsentanten der Menschheit, vor dem Thron und vor dem Lamm. Sie fallen nieder und singen ein Lied: „Würdig bist du, Herr, zu empfangen, Herrlichkeit und Macht und Ehre, denn du bist es, der die Welt erschaffen hat, durch deinen Willen war sie und wird sie sein!" (vgl. Offb 4,11) Wer anbetet, kann sprechen: „Würdig bist du, nicht ich, sondern du!" Anbetung befreit unser Denken vom ständigen Kreisen um uns selbst und öffnet uns für das Geheimnis der Liebe. Man kann sagen, dass unser Fortschritt in der Anbetung im direkten Verhältnis steht zu unserer Befreiung vom Egoismus. ROMANO GUARDINI meint: „Wer ohne Angst sagen kann: „Würdig bist du", ist ein ganz freier Mensch und wird nicht mehr psychisch krank."

**Übung**   Vielleicht haben Sie nie gelernt oder schon wieder verlernt, was Anbetung ist. Versuchen Sie es doch heute mit diesen Worten:

*O Gott, ich bete dich an:*
*du Weisheit, die mich erdacht,*
*du Wille, der mich gewollt,*
*du Macht, die mich geschaffen,*
*du Gnade, die mich erhoben,*
*du Stimme, die mich ruft,*
*du Wort, das zu mir spricht,*
*du Ruhe, die mich erfüllt,*
*du Güte, die mich beschenkt,*
*du Vorsehung, die mich leitet,*
*du Barmherzigkeit, die mir vergibt,*
*du Liebe, die mich umfängt,*
*du Geist, der mich belebt,*
*du Heiligkeit, die mich wandelt,*
*dass ich nimmer ruhe, bis ich dich schaue:*
*O Gott, ich bete dich an.*[35]

# Beten – Gespräch
# mit einem guten Freund

*Ist einer von euch bedrückt?*
*Dann soll er beten.*
*Ist einer fröhlich?*
*Dann soll er ein Loblied singen.*
*(Jak 5,13)*

**Wort in den Tag**    „Es gibt nichts Aktuelleres als die Wiedergeburt des Gebetes", schreibt Hans Habe. Noch glaubt man nicht richtig, aber schon betet man wieder. Man nennt es „positives Denken", Erschließen der Quellen neuer Lebensenergien, Vertrauen auf den Beistand der Engel. Sportler bekreuzigen sich vor dem Start und an heiligen Stätten steckt man unzählige Kerzen an. Wer betet, erfährt eine heilsame Wirkung. Wer betet, lebt bewusster. Wer aber im christlichen Sinn betet, vertraut auf Gott und seinen Schutz und Segen. Beten ist ein Testfall unseres Glaubens. „Beten ist wie Sprechen mit einem guten Freund." Was ich meine? Von Krümel habe ich das gelernt. Sie saß oft zwischen den Obdachlosen auf der Straße. Sie war an Krebs erkrankt. Sie hatte die Straßenkarriere hinter sich. Als Kind wurde sie vergewaltigt. Als Prostituierte erniedrigt. Jetzt hatte sie einen Freund gefunden, mit dem sie täglich sprach. Und das klang so: „Wenn ich mir so meinen Kopf mache und in mich gehe, wird mir warm, wenn ich an Gott denke. Der Typ ist echt klasse! Gott ist so richtig warm, und es ist schön zu denken: Hey, Gott, ich hab dich so lieb!
Gott ist manchmal was mit vielen Knoten, und oft ist es so, dass ich sehr lange brauche, um Gott zu verstehen. – Manchen „Knoten-Gott" bekomme ich leicht auf. Oft bin ich am Rumrätseln, warum Gott was wie macht. Er hat gesagt, er erschafft uns Menschen nach seinem Ebenbild – das heißt, in jedem von uns ist ein Stück Gott, und so kann ich mir auch erklären, warum ich ein Kind von Gott bin. Ich rede oft mit Gott und hau ihn um was an, z. B. wenn ich möchte, dass jemand ganz schnell Gott in sich rein lässt, obwohl besagter Jemand nicht an Gott glaubt,

aber ihn wirklich dringend braucht – dann klappt das nicht, weil Gott kein Kippschalter ist und vielleicht auch weil der Mensch, für den ich zu Gott bete, einfach Zeit braucht. Auch wenn's sich lustig anhört: Mein Gott ist ,mein Ass im Ärmel', und ich finde es schön, dass es ihn gibt."[36]

So möchte ich mit Gott sprechen können, wie mit einem guten Freund, dem ich alles sagen kann. Es gibt Eltern, die beten mit ihren Kleinkindern, indem die Kinder am Abend von ihren Erlebnissen, Freuden und Ängsten erzählen. Aus Frankreich kommt die Empfehlung der „Revision de vie". Früher nannten wir es Gewissenserforschung. Vor dem Einschlafen überdenke ich noch einmal den Tag. Für das Schöne danke ich, für die Pannen und Fehler bitte ich um Verzeihung. Das macht Sinn, weil damit die Oberflächlichkeit und Banalisierung unseres Lebens durchbrochen wird.

Der Mensch ist ein sprechendes Wesen. Er spricht auch mit sich selbst. Die Psychologen befürchten, dass unsere Selbstgespräche immer mehr verstummen. Ständig in Aktion und tausend Ablenkungen! Abends das Fernsehen, und wir sinken todmüde ins Bett. Wen wundert's, wenn wir nachts Alpträume haben? Wer betet, tut etwas für die Hygiene der Seele. Die Selbstgespräche bleiben keine Monologe, sondern werden zu Dialogen, zum intensiven Austausch mit einem guten Freund. Jemand hat sogar gesagt: Beten ist wie ein gutes Gespräch am Telefon. Und Gott legt nie den Hörer auf. Er ist jederzeit und überall für mich zu sprechen. Ich darf Gott meinen Freund nennen und ihn mit „Du" anreden. Mit tausend Namen rufe ich den Freund.

Es gibt ein wunderbares Buch: „Hallo, Mister Gott, hier spricht Anna".[37] Es lehrt uns Erwachsene, wie wir mit Gott sprechen und umgehen dürfen. „Anna war sechs Jahre. Manchmal hieß sie Fratz. Mit fünf Jahren kannte sie den Sinn des Lebens und wusste, was Liebe ist. Dazu war sie eine persönliche Freundin und auch Beraterin von Herrn Gott, Mister Gott eigentlich. Da die Engel selbstverständlich englisch sprechen, war anzunehmen, dass ihr oberster Herr das auch tat. Mister Gott also.

Der Autor Fynn, ein irischer Mathematiker, schreibt weiter: „Also, ins Bett jetzt. Sonst sind wir alle morgen nicht zu brauchen."

So nahm ich Anna auf den Arm und trug sie zu ihrem Sofabett.

Ich wollte sie zudecken, aber das war falsch. „Betest du nicht?"
fragte sie. „Na ja, schon, nachher, wenn ich auch schlafen gehe."
„Ich will aber mit dir zusammen beten", sagte sie. So knieten wir
beide vor dem hässlichen Sofa, und Anna betete: „Mister Gott,
hier spricht Anna. Vielen Dank, dass Fynn mich lieb hat. Das
wollte ich dir bloß sagen. Und jetzt schlaf gut." Mister Gott bekam einen Gutnachtkuss in die Luft – irgendwie würde er ihn
schon erreichen. Auch ich bekam einen.

Später: „Mensch, dem lieben Gott muss das doch zu den Ohren
wieder rauskommen." „Was?" „Na ja, all die Gebete und die
ganze heilige Singerei. Wenn ich Gott wär, würde ich die Leute
zum Lachen bringen ... Ich hab 'ne gute Idee. Wir machen eine
Lachkirche."

Nicht nur Kinder, auch ernsthafte, berühmte Leute haben eine
unverdorbene Art, mit und über Gott zu sprechen. BERTOLT
BRECHT steht nicht in der Gefahr, als Kirchenlehrer deklariert zu
werden. Er schreibt: „Der, den ich liebe, hat mir gesagt: dass er
mich braucht. Darum gebe ich auf mich acht. Sehe auf meinen
Weg. Und fürchte vor jedem Regentropfen, dass er mich er-
schlagen könnte."[38]


**Übung** Beten lernt man nur durch beten, wie man Schwim-
men nicht durch Trockenübungen am Beckenrand lernt, sondern nur, indem man ins Wasser springt. Versuchen Sie es doch
einmal am Abend: den Rückblick in den Tag, die „Revision de
vie". Was war heute gut? Was ist mir gelungen? Auf welche Begegnung habe ich mich gefreut? Wo war ich bedrückt und rat-
los? Worüber ärgere ich mich noch am Abend, und wo habe ich
versagt?

Dankbarkeit, Freude steigt in uns auf. Vielleicht auch die Erkenntnis, morgen einiges anders anzupacken. Der Tag versinkt
nicht einfach ins Vergessen und Verdrängen. Wer betet, lebt bewusster. Die Schuhe des Alltags bekommen Flügel der Phantasie. Und wenn der Himmel seinen Segen dazu schenkt, dann
können wir das Gelungene und auch das Misslungene in Gottes
Hände legen.

# Du bist mein Atem, wenn ich zu dir bete

*Da formte Gott, der Herr,*
*den Menschen aus Erde vom Ackerboden*
*und blies in seine Nase den Lebensatem.*
*So wurde der Mensch*
*zu einem lebendigen Wesen.*
*(Gen 2,7)*

**Wort in den Tag**    „Ich atme, also bin ich." Dieses Wort hörte ich öfter von einem Meister der Meditation. In der Schule hatte ich gelernt: „cogito, ergo sum" – „Ich denke, also bin ich." Der Mensch ist das denkende Wesen. Aber vor dem Denken kommt das Atmen. Die Quelle des Lebens ist der Atem.

Im Schöpfungsbericht der Bibel bläst Gott durch die Nase Adams den Lebenshauch. Durch den Atem bekommen wir das Leben geschenkt. Der erste Atemzug eines Kindes ermöglicht das eigenständige Leben, mit dem letzten Atemzug haucht ein Mensch sein Leben aus. Wir sagen: „Er gibt seinen Geist auf."

Wir atmen selbstverständlich und unreflektiert. Doch jeder Atemzug ist ein erstaunliches Geschehen. Ich lasse meinen Atem strömen, wie er von selber kommt und geht. Die Lunge nimmt den Sauerstoff auf und gibt ihn an das Blut weiter. Die Fläche der Lunge ist so groß wie ein Tennisplatz. Ich atme und begreife, dass jeder Atemzug ein Geschenk ist. Die Luft ist in Millionen Jahren durch die Pflanzen, vor allem durch die Bäume gebildet worden. Millionen Jahre Vorbereitung, damit ich jetzt atmen kann. Dabei ist die Luftschicht um die Erde so dünn wie ein Papier um eine Apfelsine. Daran hängt unser Leben. Wir tun recht daran, uns gegen Ozonlöcher und Luftverschmutzung zu wehren.

Wir Europäer neigen dazu, die Einatmung in den Vordergrund zu stellen. Ein Asiate meinte, wir atmen, als schnappten wir ständig nach Luft. Die Ausatmung vernachlässigen wir. Wer das Ausatmen richtig übt, wird in seiner ganzen Haltung gelassener. Das gleichmäßige Ein- und Ausatmen hält das Leben in Balance. JOHANN WOLFGANG VON GOETHE jedenfalls interpretierte den Rhythmus des Atmens als Gnade:

> *Im Atemholen sind zweierlei Gnaden:*
> *Die Luft einziehen, sich ihrer entladen;*
> *Jenes bedrängt, dieses erfrischt;*
> *So wunderbar ist das Leben gemischt.*
> *Du, danke Gott, wenn er dich presst,*
> *Und danke ihm, wenn er dich wieder entlässt.*[39]

Der Atem erinnert uns daran, dass wir nicht nur aus schwerfälliger Materie bestehen. Wir werden von einer Geistseele durchweht. Leben bedeutet, in einem dauernden Austausch zu stehen. Atmen wir richtig, dann verlieren wir etwas von unserer Schwerfälligkeit und Trägheit. Immer ist die Verwandtschaft zwischen dem Wind, dem Atem und dem Geisthauch wahrgenommen worden.

Weil die Atmung eine so unübersehbare Bedeutung für das spirituelle Leben des Menschen hat, haben vor allem die Meister der Meditation in den verschiedenen Religionen ihre Schüler angeleitet, auf ihren Atem zu achten und sich intensiven Atemschulungen zu unterziehen. Die „Inspiration", der Geisthauch ist nicht unser Eigentum, er wird uns geschenkt, eingeblasen. Jesus haucht seine Jünger an: „Empfangt den Heiligen Geist!" (Joh 20,22) Sie sollen gleichsam in ihrem Atem den großen Beistand und Lebensspender in sich tragen. Von der Mystikerin MECHTHILD VON MAGDEBURG wird das Wort überliefert: „Herr, himmlischer Vater, zwischen Dir und mir geht immerfort ein unbegreifliches Atmen, worin ich viele Wunder und unaussprechliche Dinge erkenne." Sie erlebte im Rhythmus ihres Atmens ihre ununterbrochene Verbundenheit mit Gott.

„Du bist mein Atem, wenn ich zu Dir bete", heißt es in einem Lied. Beten ist also das Atemholen der Seele. Ist das so einfach? Kann das Atmen zum Gebet werden? Wir besitzen ein ungeahntes Potenzial an Kräften, das wir nicht nutzen. Zwischen dir und mir, zwischen allem, was lebt, ist die Luft, die wir atmen. Eine Verbundenheit, die tiefer ist als jede Schicksalsgemeinschaft. Im Rhythmus des Atmens berührt der Geist Gottes auch unsere Seele. „Zwischen dir und mir, mein Gott, ist immerfort ein unbegreifliches Atmen."

**Übung** Wenn es sehr eilt, übe ich manchmal das Atem-Gebet. Ich unterbreche den rasanten Lauf, setze mich einen Augenblick still hin und achte auf meinen Atem. Das Wort „Ruhe" strömt eine heilsame Wirkung aus. Im Einatmen spreche ich innerlich „Ru" und im Ausatmen „he". Manchmal verwandelt sich das Wort. Im Einatmen in „Du": Du ströme in mir! Im Ausatmen „Ich": Ich schenke mich Dir. „So wunderbar ist das Leben", schreibt GOETHE.

*Atme in mir, du Heiliger Geist, dass ich Heiliges denke.*
*Treibe mich, du Heiliger Geist, dass ich Heiliges tue.*
*Locke mich, du Heiliger Geist, dass ich Heiliges liebe.*
*Stärke mich, du Heiliger Geist, dass ich Heiliges hüte.*
*Hüte mich, du Heiliger Geist, dass ich das Heilige*
*nimmer verliere.*                                    AUGUSTINUS

## Die Kunst, sein Gebet zu vereinfachen

*Wenn ihr betet, sollt ihr nicht plappern wie die Heiden,*
*die meinen, sie werden nur erhört,*
*wenn sie viele Worte machen.*
*Macht es nicht wie sie;*
*denn euer Vater weiß, was ihr braucht,*
*noch ehe ihr ihn bittet.*
*(Mt 6,7)*

**Wort in den Tag**  Wir müssen unser Gebet vereinfachen.
„Wenn ihr betet, so sollt ihr nicht plappern wie die Heiden, die
meinen, sie werden nur erhört, wenn sie viele Worte machen"
(Mt 6,7), sagte Jesus zu seinen Jüngern. Nicht die Vielredner
und Schwätzer sind gute Beter. Alle Gebetsschulen sind sich in
einem einig: wir müssen unser Gebet vereinfachen.
SÖREN KIERKEGAARD schreibt: „Als mein Gebet immer andächti-
ger und innerlicher wurde, da hatte ich immer weniger und weniger zu sagen. Zuletzt wurde ich ganz still... Ich meinte erst,
Beten sei Reden. Ich lernte aber, dass Beten nicht bloß Schweigen ist, sondern Hören. So ist es: Beten heißt nicht, sich selbst
reden hören. Beten heißt, still werden und still sein und warten, bis man betend Gott hört."[40]
Wir müssen unser Gebet vereinfachen. Vom Reden zum
Schweigen, vom Schweigen zum Hören. Das macht ein Beispiel
aus einem Kloster deutlich. Ein junger Mann kommt zu einem
alten Mönch und fragt ihn: „Was muss ich tun, um gut beten zu
können?" Der Mönch antwortete ihm: „Du kennst sicher einen
Vers aus einem Psalm, der dir ganz besondere Freude macht.
Bete diesen Psalmvers! Wiederhole ihn eine Stunde lang!" Dem
Schüler schien diese Art zu beten geistlos, aber er versuchte es.
Nach einer Stunde kam er wieder: „Was soll ich jetzt tun?" Der
Mönch sagte: „Bete deinen Psalmvers." „Wie lange denn noch?"
„Bete deinen Psalmvers einen ganzen Tag lang." Der junge
Mann begriff gar nichts mehr. Aber er hatte sich vorgenommen,
der Weisung des alten Mönches zu folgen. Am Ende des näch-
sten Tages kam er wieder. „Was soll ich jetzt tun?" „Bete deinen
Psalmvers!" „Aber wie lange denn noch?" lehnte sich der junge

Mann auf. „Eine Woche lang. Dann komm wieder!" Nach einer Woche kam der Schüler zurück und sagte: „Darf ich bei diesem Psalmvers bleiben?" Der Mönch nickte: „Ja, wenn du gut beten willst, genügt es, reicht ein einziger Psalmvers."

Tatsächlich lehrt das frühe Mönchtum, beim Beten nicht laufend neue Gedanken und Worte zu formulieren, sondern einen kleinen Satz aus der heiligen Schrift im Rhythmus des Atems zu wiederholen. Dies ist das so genannte „Ein-Wort-Gebet". Das bekannteste ist das „Jesus-Gebet", das die Ostkirche bewahrte und besonders von russischen Pilgern im Rhythmus des Gehens, im Rhythmus des Atmens und schließlich des Herzschlages gebetet wurde. Sie wiederholten ständig das Wort des blinden Bettlers Bartimäus: „Jesus, Sohn Davids erbarme dich meiner!" (Mk 10,47)

In den neutestamentlichen Gemeinden, besonders wohl in der charismatischen Gemeinde von Korinth wurden bestimmte Christusrufe ständig wiederholt. Auch das Halleluja ist solch ein Ruf. Es gibt viele Kurzgebete oder „Stoßgebete", wie sie AUGUSTINUS schon nannte.

Aus der Geschichte der abendländischen Gebetstradition möchte ich den heiligen FRANZ VON ASSISI erwähnen. Von ihm wissen wir, dass er in einer Einsiedelei tagelang betete: „Wer bist du, o Gott, und wer bin ich!" Oft betete er stundenlang in großer Leidenschaft einfach nur das Wort „Jesus". Als Franziskus einmal bei einem vornehmen Herrn zu Gast war und von ihm zum Übernachten eingeladen wurde, beobachtete der Gastgeber heimlich, wie Franziskus fast die ganze Nacht mit ausgebreiteten Armen nur betete: „Mein Gott und mein Alles!"

Wenn unser Gebet immer innerlicher wird, haben wir immer weniger zu sagen. Welche Worte können uns auf diesem Weg begleiten? Die Heilige Schrift ist ein großer Gebetsschatz. Alle Ich-Worte Jesu können wir zu Du-Worten machen: „Du bist mein Leben!" Oder: „Du bist mein Weg!" Auch Psalmworte taugen, wie das Wort aus dem Psalm 23,4: „Muss ich auch wandern durchs dunkle Tal, ich fürchte kein Unheil, denn du bist bei mir." Im Wiederholen wird sich dieses Wort vereinfachen, zum Schluss bleibt nur noch: „Du bist bei mir!"

Dieser Weg führt uns ins Schweigen und Schauen und Staunen.

Der heilige Pfarrer von Ars beobachtete einen Bauern, der immer sehr gesammelt und lange in seiner Kirche betete. Eines Tages wollte er wissen, was der Mann bete. Dieser sagte: „Nichts, ER schaut mich an, und ich schaue IHN an, und das genügt uns beiden." Die Liebe berührt den Beter. „Weg von mir, – hin zu dir, – ganz in dir, – neu aus dir."

**Übung** Meinen Tag beginne ich immer im Namen des dreifaltigen Gottes: „Im Namen des Vaters und des Sohnes und des Heiligen Geistes." Als Erstes nach dem Aufstehen mache ich ein Kreuzzeichen, oft nur aus guter Gewohnheit, manchmal ganz bewusst. Die wichtigsten Fragen meines Lebens sind so eigentlich beantwortet.

Was sind solche Fragen? Zum Beispiel: Woher komme ich? Wohin gehe ich? Bin ich dem Schicksal blind ausgeliefert, nur eine Nummer in der Lotterie des Lebens? Nein, über meinem Leben erscheint ein Gesicht. Ein Vater, der mich ruft, mit Namen sogar! Ein Schöpfer, der mich geschaffen, ein Wille, der mich gewollt hat.

Auch die Frage: Wozu bin ich da? findet eine Antwort. Macht es überhaupt einen Unterschied, ob ich bin oder nicht bin? Ist es gleichgültig, was ich heute aus meinem Leben mache? Dann sagt Jesus: „Du bist mein Freund! (vgl. Joh 15,14f.) Ich sende dich, diese Welt heute ein Stück gerechter zu gestalten!"

Und eine dritte Frage: Was bin ich eigentlich wert? Bin ich nur ein austauschbares Rädchen im Getriebe dieser Welt? Der Heilige Geist antwortet: „Ich habe dich geheiligt und dich zu einem Tempel gemacht, in dem die Liebe wohnen soll." (vgl. 1 Kor 3,16) In den Augen Gottes ist jeder kostbar und wertvoll. Gott, der Vater, ruft uns. Der Sohn sendet uns. Der Geist heiligt uns.

## *Hoch-Gebet*

*So sollt ihr beten:*
*Unser Vater im Himmel,*
*dein Name werde geheiligt, dein Reich komme,*
*dein Wille geschehe wie im Himmel, so auf der Erde.*
*Gib uns heute das Brot, das wir brauchen.*
*Und erlass uns unsere Schulden,*
*wie auch wir sie unseren Schuldnern erlassen haben.*
*Und führe uns nicht in Versuchung,*
*sondern rette uns vor dem Bösen.*
*(Mt 6,9-13)*

**Wort in den Tag** Wir sind nicht immer so wach und kreativ, dass wir mit eigenen Worten unsere Gebete formulieren können. Wir brauchen einige fest formulierte Gebete, die wir auch gemeinsam beten können. Lehrer beklagen, dass Schüler in den Familien das „Vater unser" nicht mehr lernen. Eine Krankenschwester, die oft Sterbende begleitet, erzählte, wie wichtig es ist, wenn man einige vertraute Gebete sprechen kann. Durch viele Generationen unendlich oft gesprochen, ist es heute noch immer unverbraucht: das „Vater unser". Jesus hat es seine Jünger selbst gelehrt, als sie ihn baten: „Herr, lehre uns beten, wie schon Johannes seine Jünger beten gelehrt hat!" (Lk 11,1)

Welche Kraft das „Vater unser" hat, zeigt der Bericht der Russin TATJANA GORITSCHEWA. Nachdem sie das Vertrauen in den Kommunismus verloren hatte, beschreibt sie ihre Situation so: „Die innere Leere war schon lange mein Los. Mich überkam eine Schwermut ohne Grenzen. Wie viele meiner Freunde sind Opfer dieser Leere, sind Säufer geworden, oder sitzen bei Therapeuten herum. Wir hatten, so schien es, keine Hoffnung auf Leben." Dann bekehrt sich Goritschewa zum Christentum. Sie fand zum Glauben, als sie zum ersten Mal das „Vater unser" las. „Müde und lustlos verrichtete ich meine Yogaübungen. Man muss wissen, dass ich bis zu diesem Augenblick noch nie ein Gebet gesprochen hatte. Aber da wurde in einem Yogabuch ein christliches Gebet, und zwar das Vater-unser-Gebet vorgeschlagen. Ich begann es als Mantra vor mich hinzusagen, ausdruckslos und automatisch. Ich sprach es etwa sechsmal. Dann wurde ich plötzlich vollständig umgekrempelt. Ich begriff – nicht etwa mit meinem lächerlichen Verstand, sondern mit meinem ganzen Wesen, dass ER existiert. ER, der lebendige, persönliche Gott, der mich liebt, der aus Liebe gekreuzigte und auferstandene Gott. In jenem Augenblick ergriff mich das Geheimnis des Christentums, das neue, wahre Leben. Das war die wirkliche, die echte Rettung."[41]

Es gibt wohl kaum einen Text in der Weltgeschichte, der so häufig gesprochen, gesungen, geflüstert wurde wie das „Vater unser". Er hat seine Kraft nicht verloren. In den sieben Bitten des „Vater unser" sammelt sich die Weite unseres Lebens, wie das Licht der Sonne sich in sieben Farben des Regenbogens spiegelt. Die drei ersten Bitten lehren uns, das große Ziel im Auge zu behalten: die Heiligung des Gottesnamens, das Kommen seines Reiches, die Erfüllung seines Willens. In den drei letzten Bitten geht es um die Grundfragen menschlichen Lebens: um Schuld, um die Versuchung und um unsere Erlösung. In der Mitte aber steht die Bitte um das tägliche Brot.

In der großen Konzeption wird plötzlich das gewöhnliche Brot genannt, das man kaut und verdaut. „Gib uns unser tägliches Brot." Das ist ein Bekenntnis zur Schöpfungsordnung Gottes. Brot ist Geschenk, nie unser Eigentum. Auch wenn ich mit meinem wohlverdienten Groschen mein Brot im Bäckerladen kaufe, habe ich nicht das Korn wachsen lassen. Brot ist nicht unser Eigentum. Die Bitte verdirbt, wenn ich nur um „mein" Brot bete. Wir dürfen und können nur bitten: Gib uns „unser" tägliches Brot. Dann bitte ich auch für die hungernden Kinder dieser Welt. Wenn uns das bewusst wäre, dann würde man nicht jede Woche aus den Papierkörben unserer Schulen Tonnen weggeworfenen Brotes sammeln. Die Bitte um das tägliche Brot ist auch die Sorge um den Arbeitsplatz und schließt die Bitte um Gesundheit und Wohlergehen ein.

**Übung**  Wie der Regenbogen sieben Farben hat, so hat das „Vater unser" sieben Bitten:

Wenn ich allein und einsam bin, dann denke ich daran, dass Gott immer bei mir ist. Wenn ich mich freue, dass ich gesund bin, dass ich arbeiten, singen und leben darf, bete ich:
*Vater unser im Himmel, geheiligt werde Dein Name.*
Wenn ich sehe, dass in der Welt nicht alles in Ordnung ist, dass es Kriege gibt und Unrecht, dass aber trotzdem viele Menschen die Hoffnung haben: dass Friede und Gerechtigkeit auf dieser Erde möglich sind, bitte ich:
*Dein Reich komme.*
Wenn der Mensch immer mächtiger wird und die Ergebnisse seiner Forschung und Wissenschaft nicht mehr beherrscht, wenn viele sich um das Überleben der kommenden Generation sorgen, dann bitte ich:
*Dein Wille geschehe wie im Himmel, so auf Erden.*
Wenn ich im Fernsehen miterlebe, wie die Armen Hunger leiden und wie Menschen alles tun, ihnen zu helfen, rufe ich zu Gott:
*Unser tägliches Brot gib uns heute.*
Wenn ich spüre, dass niemand alles richtig macht, dass ich sogar mit meinem Freund in Streit gerate, bete ich:
*Vergib uns unsere Schuld, wie auch wir vergeben unseren Schuldigern.*
Wenn ich erlebe, wie oft ich andere ärgere und verwunde, wenn ich mitbekomme, wie Menschen teuflisch gefoltert und ermordet werden, wenn ich erschrecke vor dem Terror, der uns alle bedroht, bitte ich:
*Und führe uns nicht in Versuchung, sondern erlöse uns von dem Bösen.*
Wenn ich Gott danken möchte für alles, was ich bin und kann, wenn ich ihm sagen möchte, dass ich auf ihn vertraue, weil er unsere Sorgen kennt und weil er die ganze Welt in Händen hält, rufe ich ihm zu:
*Dein ist das Reich und die Kraft und die Herrlichkeit in Ewigkeit. Amen.*[42]

# Was brauchen wir Gott –
# wir machen das schon

> Wir preisen die Überheblichen glücklich,
> denn die Frevler haben Erfolg;
> sie stellen Gott auf die Probe.
> (Mal 3,15)

**Wort in den Tag**  „Was brauchen wir noch Gott?" Der „Homo faber", der Macher, emanzipiert sich von Gott. Er macht alles in eigener Regie. Wir haben es auch weit gebracht ohne Gott. Aus dem Neandertaler, der seine Steinaxt schwingt, ist ein hochqualifizierter Facharbeiter und Wissenschaftler geworden, der Flugzeuge und Computer entwirft. „Was brauchen wir da noch Gott?" Wir zünden heute keine Wetterkerze mehr an. Wir haben Blitzableiter auf dem Dach. Bei Seuchen machen wir keine Bußwallfahrten. Wir erfinden Impfstoffe.
Diese Einstellung beschreibt RUDOLF OTTO WIEMER im „Gebet eines Zeitgenossen":

> Hör dir das an, Gott,
> ich will heute mit dem Auto unterwegs sein,
> morgen schließ ich den Kaufvertrag ab,
> das neue Haus wird in zehn Monaten stehen,
> dann machen wir das dritte Kind,
> schicken das erste zur Schule,
> das Geschäft wird vergrößert,
> den Kompagnon schmeiße ich raus,
> kauf das restliche Aktienpaket,
> übernehme den Vorsitz der Gesellschaft,
> wechsle die Freundin,
> der Bungalow im Tessin ist fällig,
> ich bin Generaldirektor,
> vielleicht Prostata, gut, wird repariert,
> man ist sechzig, Konzern gesund,
> rapide wächst das Grundkapital,
> glänzende Aussichten für die nächsten zehn Jahre,

*was sage ich, für zwanzig –*
*hör dir das an, Gott,*
*und komm mir nicht dazwischen.*[43]

Ich mache, ich repariere, ich sichere ab – glänzende Aussichten! Es bleibt nur die Angst, dass das Glück zerbrechlich ist und das Schicksal einen Strich durch die Rechnung macht. „Was brauchen wir Gott. Wir schaffen das schon. Er darf uns nur nicht dazwischenkommen."
Wird man unser Jahrhundert später als eines beschreiben, das alles selbst zu machen versuchte, eine „Self-Made-Generation"? Alles scheint machbar! Retortenkinder oder geklonte Tiere, genmanipulierte Früchte oder künstlicher Schnee für den Wintersport. Satelliten und Internet lassen uns kommunizieren mit allen Orten auf dieser Welt. Wir haben es in der Tat weit gebracht! Es gibt zwar immer neue Probleme, die wir nicht bewältigen, wie Aids und BSE oder den Klimaschutz. Aber was nicht ist, kann ja noch werden.
Die Machbarkeit aller Dinge ist ein Lebensgefühl, das uns alle mehr oder weniger stark erfüllt. Man könnte dieses Gefühl so umschreiben: Wenn wir die richtigen Voraussetzungen schaffen, ist nichts unmöglich. Sogar die seelische Landschaft im Inneren des Menschen lässt sich korrigieren, wenn man nur den richtigen Therapeuten findet. Heute nagt der Zweifel an dieser selbstherrlichen Einstellung. Die Generation der „Macher" stößt an zu viele Grenzen. Eine Lebensrechnung, die auf die Machbarkeit aller Dinge setzt, geht nicht auf, weil sie letztlich gnadenlos ist.
Alles ist geschaffen, sagen die einen. Unsinn, sagen die anderen. Alles ist machbar. Hat der kreative Mensch den Schöpfer entmachtet und sich an seine Stelle gesetzt? Auf den lieben Gott, der die Lilien wachsen lässt und der uns unser tägliches Brot zuteilt, wollen wir uns nicht allein verlassen.
Wir stehen auf der Kommandobrücke. Die Titanic unserer Welt ist unversenkbar. Unsere Navigation ist perfekt. Wir steuern unser Schiff schon an den Eisblöcken vorbei. Alles läuft auf Hochtouren. Wir und der Kapitän der Titanic können es uns nicht mehr leisten, etwas ungeplant geschehen zu lassen. Wir können

keinen Augenblick Lilie oder Lerche sein. Das kann nur der naiv glaubt, dass jemand mit Segen und Gnade unsere durch die Geschichte leitet.

Die Therapie, die uns nottut, steht in einem Buch, das 2000 Jahre alt ist. Im Evangelium des Matthäus heißt es: „Lernt von den Lilien, die auf dem Feld wachsen: Sie arbeiten nicht und spinnen nicht. Doch ich sage euch: Selbst Salomo war in all seiner Pracht nicht gekleidet wie eine von ihnen. Wenn aber Gott schon das Gras so prächtig kleidet, das heute auf dem Feld steht und morgen ins Feuer geworfen wird, wie viel mehr dann euch, ihr Kleingläubigen. Macht euch also keine Sorgen! ... Wer von euch kann mit all seiner Sorge sein Leben auch nur um eine kleine Zeitspanne verlängern?" (Mt 6,27ff.)

Was dieses Gleichnis uns sagen will? Wenn wir nicht nur unseren eigenen Fähigkeiten vertrauen, sondern Gott etwas zutrauen, dann werden wir frei vom gnadenlosen Leistungsdruck. „Werft alle eure Sorge auf ihn, denn er kümmert sich um euch."(1 Petr 5,7) Ob eine „Self-Made-Generation" zu diesem Glauben fähig ist?

**Übung** „Unsere Hilfe ist im Namen des Herrn, der Himmel und Erde erschaffen hat!" Dieser Gebetsruf ist seit Jahrhunderten zu Beginn von liturgischen Gebetszeiten und Gottesdiensten gebräuchlich. Ob wir ihn heute mit Überzeugung uns zu eigen machen können?

## Die Schöpfung ist voller Gesang

*Durch Gottes Wort entstanden seine Werke,*
*sie sind ein Ausfluss seiner Liebe ...*
*Über allem strahlt die leuchtende Sonne, die Herrlichkeit des Herrn*
*erfüllt seine Werke ... Alle seine Werke sind vortrefflich,*
*doch sehen wir nur einen Funken und ein Spiegelbild ...*
*Jedes Ding ergänzt durch seinen Wert das andere.*
*Wer kann sich satt sehen an ihrer Pracht?*
*(Sir 42,15ff.)*

**Wort in den Tag**   Wer staunt, durchstößt den gewohnten engen Horizont und macht sich auf eine Entdeckungsreise in unendliche Weiten. Im Staunen schlägt das Herz die Augen auf. Das Staunen ist der Schlüssel für unsere fünf Tore der Sinne. Es ist das sprachlose Fest des Erkennens und Fühlens. Staunen ist die lebendige Liturgie der Anbetung. Darin liegt die Anerkennung eines Größeren. Wer staunen kann, gehört zu den Gesegneten dieser Erde.

Die ganze Schöpfung ist die Schönschrift Gottes. Alle erschaffenen Wesen sind Liebesbriefe an uns. Es gibt Menschen, die sich an diesen Zeichen erfreuen können, ohne sie eigentlich zu entziffern. Sie gleichen einem Bauernmädchen, das sich an der Schrift eines alten Manuskriptes erfreut, das ihr irgendwie in die Hände geraten ist, ohne aber zu wissen, dass es sich um einen Liebesbrief des Königs handelt. Für Franziskus ist alle Wirklichkeit ein Sakrament. Wie sich in einem Kunstwerk die Persönlichkeit des Künstlers ausdrückt, so spiegelt sich in allen geschaffenen Dingen die Größe Gottes wider.

Die Schöpfung ist Gottes wunderbares Geschenk an uns Menschen. Die ganze Natur ist voller Stimmen. Alles in ihr ist Gesang. Sehr unterschiedlich kann man der Schöpfung Gottes begegnen. Man kann durch den Wald gehen wie ein Holzhändler und alle Bäume daraufhin anschauen, wieviel Gewinn man damit erwirtschaften kann. Die Natur wird zum Objekt unserer Ausbeutung. Die Frage nach Nutzen und Zweck bestimmt unser Denken. Oder man kann durch den Wald gehen wie ein Naturschwärmer. Der Gesang der Vögel, das Rauschen des Windes in den Blättern, das Farbenspiel der Sonne berauschen die Gefühle.

Eine dritte Art, der Schöpfung zu begegnen, entdecken wir bei Franz von Assisi. Sonne und Mond, jeder Grashalm, jede Blume sind Kunstwerke des ewigen Künstlers. Alles ist ein Geschenk aus Gottes Hand. Franziskus begegnet allem mit Ehrfurcht. Wer ehrfürchtig an die Dinge herantritt, wird sie nicht vergewaltigen. Ehrfurcht, nicht Ausbeutung im Umgang mit der Schöpfung und mit allem, was lebt, ist die Grundhaltung, die wir neu lernen müssen.

Der Sonnengesang des FRANZ VON ASSISI ist ein großartiger Lobpreis aller Kreaturen auf ihren Schöpfer. Franziskus entdeckt mit wachen Sinnen und offenem Herzen die Wunderwerke der Schöpfung. Er war nahezu blind, als er den Zauber der Sterne und Sonne besang. In seinen erkrankten Augen schmerzte das Licht, als er den Sonnengesang dichtete. Er ist der Heilige, der lachen kann, der Heilige, der Geige spielt, indem er mit einem Stock über seinen Arm streicht, der Heilige, der Gottes Schöpfung liebt, nicht verschwommen wie ein Phantast. Franziskus ist voller Melodien und Klänge, der Minnesänger seines Herrn. Das Schöne war ihm Abglanz Gottes. Jedes Kunstwerk pries den ewigen Künstler. Die Pflanzen und Tiere und alle Gestirne waren ihm Geschwister, und die Armut machte er sich zur Braut. Der Sonne gleich stieg sein Lied zum Himmel auf und legte Lobpreis und Dank aller Kreatur am Throne des Schöpfers nieder.

## Übung

### *Meditation zum Sonnengesang des hl. Franziskus*

> *Höchster, allmächtiger, guter Herr, dein sind das Lob, die Herrlichkeit und Ehre und jeglicher Segen. Dir allein Höchster, gebühren sie, und kein Mensch ist würdig, dich zu nennen.*

Ich kann dich, Gott, mit tausend Namen nennen und kann dir doch nicht einen zuerkennen. Wie soll ich dich erfassen? Gibst du mir nicht Himmel und Erde zugleich und alles in ihnen, der du doch alles in allem bist? Nicht mein Verstand, mein Herz wird dich finden. Du Geheimnis, das mein Leben durchdringt. Du Erfüllung meiner Sehnsucht und Grund meines Daseins, du Quelle meines Lebens.

*Gelobt bist du, mein Herr, mit all deinen Geschöpfen,*
*besonders für die Schwester Sonne, die uns den Tag schenkt*
*und durch die du uns leuchtest. Und schön ist sie und strahlend*
*mit großem Glanz: von dir, Höchster, ein Sinnbild.*

Mein Gott, jedes Geschöpf ist ein Beweis deiner Größe, besonders die Schwester Sonne ist ein Gleichnisbild deiner Herrlichkeit. Sie erhellt unsere Tage durch ihr Licht. Nie sind die Farben von Abend und Morgen dieselben. Wer sie erfunden, der schuf das Wunder des Lichtes. Nur der Erleuchtete sieht hinter den Dingen den Glanz. Lass meine Augen, Herr, von deinem Licht leuchten.

*Gelobt bist du, mein Herr, für Schwester Mond und die Sterne.*
*Am Himmel hast du sie geformt, klar und kostbar und schön.*

Lass dich preisen, Herr, von deinen Gestirnen, die in den Höhen in unendlichen Weiten schimmern. Ein gewaltiger Anblick ist mir dein Weltall. Erschreckend und großartig zugleich. Ständiges Wachsen, endlose Dauer, uferloses Meer. Der du unsere engen Maßstäbe auflöst und deine unendliche Größe offenbarst. Dein Raum kennt keine Grenzen, und Jahre zählen nicht bei dir. Sieh herab auf uns, die wir von Zeit und Stunde gezeichnet sind!

*Gelobt bist du, mein Herr für Bruder Wind,*
*für Luft und Wolken und heiteres und jegliches Wetter,*
*durch das du deine Geschöpfe am Leben erhältst.*

Du bist im Hauch des Windes, du bist im Brausen des Sturmes. Du lässt übers Firmament die Blitze zucken, Donnerrollen kündet von dir. Doch das Licht vertreibt die Wolken, helles Leuchten verjagt das Dunkel. Hat er einen Vater, der Wind? Wer zeugt die Tropfen des Taues? Wer reißt eine Rinne der Regenflut auf? Preis gebührt dir, großer Gott, staunend will ich deine Macht besingen.

*Gelobt bist du, mein Herr, für Schwester Wasser.*
*Sehr nützlich ist sie und demütig und kostbar und keusch.*
Leben spendendes Wasser, nur wenig von dir zaubert aus Wüstensand Gärten mit farbigen Blumen. Wasser heißt die Bitte des Dürstenden. Auf alles kann er verzichten, nur nicht auf den Schluck Wasser. Herr, Quelle des Heils und unerschöpflicher Brunnen, lass lebendiges Wasser strömen, von dem die Menschen in ihren Wüsten trinken.

*Gelobt bist du, mein Herr, für Bruder Feuer,*
*durch den du die Nacht erhellst. Und schön ist er*
*und fröhlich und kraftvoll und stark.*
Du, Gott, bist wie ein verzehrendes Feuer, Unruhe, die alles verändert. Ich brauche dieses Feuer, denn auch ich möchte nicht kalt und nicht dunkel sein. Entzünde mich, Herr, mit dem Feuer deiner Liebe. Ich wollte, dass ich schon brenne.

*Gelobt bist du, mein Herr, für unsere Schwester Mutter Erde,*
*die uns erhält und ernährt und vielfältige Früchte hervorbringt*
*mit bunten Blumen und Kräutern.*
Ich besinge dich, rauer Fels, harte Materie – Urgrund, der Kostbarkeiten birgt. Fundament, das uns trägt. Ich danke dir, schöpferischer Boden, Äcker, Wälder, grünende Wiesen. Du lässt säen, pflanzen und ernten. Immer bringst du Neues hervor. Unendliche Formen und Farben zeigen deine Phantasie. Ich segne dich, Staub dieser Erde – Wiege und Wurzelgrund – Fundament, auf das ich baue – Bett, das mich einst wieder aufnimmt, der ich selber Erde bin.

*Lobt und preist meinen Herrn und dankt und dient ihm*
*mit großer Demut.*

## Die Freiheit der gebundenen Hände

*Deswegen bejahe ich meine Ohnmacht, alle Misshandlungen und*
*Nöte, Verfolgungen und Ängste, die ich für Christus ertrage;*
*denn wenn ich schwach bin, dann bin ich stark.*
*(2 Kor 12,10)*

**Wort in den Tag**     „Ecce homo" – „Seht, welch ein Mensch!"
Pilatus möchte das Mitgefühl der Massen wecken. Sie aber
schreien: „Kreuzige ihn! Weg mit ihm!" Der religiöse Fanatismus kennt kein Mitleid. Was religiöser Fanatismus vermag,
erlebten wir beim Terroranschlag in New York. Verblendete, ra-
dikalisierte Fundamentalisten rissen in menschenverachtender
Weise tausende Unschuldige in den Tod.

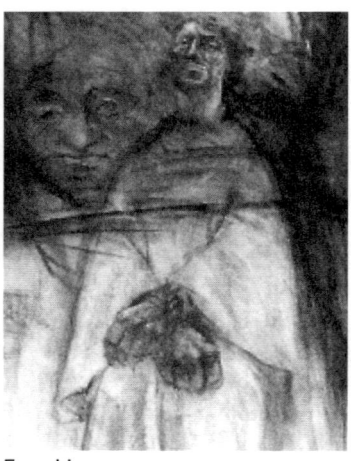

Aufrecht im Unrecht steht Jesus im Bild da – ein Ausschnitt
aus einem Kreuzweg der
Künstlerin HETTY KRIST[44]. Die
Hände gebunden, gefesselt,
gefangen. Mit Dornen ge-
krönt. Den Purpurmantel um
die Schultern gelegt. Der König von Israel? Zum Spottkö-
nig haben sie ihn gemacht. Jesus steht vor Gericht. Der
Allmächtige macht sich ohnmächtig, liefert sich aus in die
Hände seiner Peiniger. Hinter
ihm das Gesicht des Pilatus.

Ecce Homo

Kalt und unbeteiligt wie die
Vertreter der Macht, die ihre Brust mit Orden schmücken wie
hier mit Naziorden. Klebt nicht oft Blut an solchen Ehrenzei-
chen? Pilatus wäscht seine Hände in Unschuld. Auch heute sind
wir um Ausreden und Entschuldigungen nicht verlegen. Überall stehen Schüsseln bereit, um die Hände in Unschuld zu waschen.
Seine gebundenen Hände hält er uns hin, mit Stricken gefesselt.
Kein Spielraum mehr. Mit diesen Händen hat er den Blinden

geheilt und die Kinder gesegnet. Mit diesen Händen hat er Brot gebrochen und Hungernde gespeist. In diesen Händen steckt die Allmacht der Liebe. Er hat diese Allmacht weggegeben. Er hat sich ausgeliefert. Die Hände sind zusammengebunden. Sie werden bald am Balken angenagelt sein. Kein Spielraum mehr und doch ein unendlicher Wirkraum.

Die gebundenen Hände sind die allmächtigen Hände, denn sie sind jene Hände, die bis zum Äußersten der Liebe sich geben. Wo er nichts mehr bewegen und tun kann, zeigen seine gebundenen Hände die äußerste Solidarität mit allen gebundenen Händen der Menschheitsgeschichte. Alles, was es an äußerer Bindung und Knechtung gibt, alles, was es an innerer Ohnmacht gibt, ist drinnen in diesen gebundenen Händen. Die Hände können jetzt nichts mehr wirken, wenn nicht Gott wirkt. In seiner Gebundenheit an die Liebe gewinnt er eine Freiheit, die ihm keiner mehr nehmen kann.

Wo haben wir gebundene Hände? Wo reiben wir uns wund und können doch nichts ändern? Wo ballen wir die Fäuste zum Protest und spüren nur unsere Ohnmacht? Noch nie habe ich meine Ohnmacht so gespürt wie am 11. September 2001. Live erlebte ich das Unfassbare im Fernsehen: Aus den Fenstern des Wolkenkratzers in Manhattan winkten Menschen mit weißen Tüchern. Dann stürzte der Turm ein. Nur zuschauen und nicht helfen können, treibt einen fast zum Wahnsinn oder in die Depression.

Unser Bruder in der Ohnmacht ist Jesus. Aufrecht steht er im Bild da und zeigt uns seine gefesselten Hände. Er hat Hände, die alle Möglichkeiten aus der Hand gegeben haben. „Anderen hat er geholfen, sich selbst kann er nicht helfen." (Mt 27,42) Er hat die Ohnmacht aller gebundenen Hände in seine Hände aufgenommen. Die Liebe treibt ihn zur äußersten Solidarität. Die Liebe verwandelt seine Gebundenheit und schenkt ihm eine Freiheit, die alle Fesseln sprengt.

**Übung**   Die Ohnmacht annehmen und sie verwandeln lassen durch die Liebe, ob das der APOSTEL PAULUS meint, wenn er schreibt: „Deswegen bejahe ich meine Ohnmacht ... denn wenn ich schwach bin, bin ich stark." (2 Kor 12,10) Wo wir mit gebundenen Händen uns ganz Gott überlassen, macht er uns stark durch seine Gnade.

Wie kann man seine Ohnmacht bejahen und annehmen? Klagelieder helfen uns, die Not nicht zu verdrängen, sondern zu benennen; z. B. mit Worten des 55. Psalms:

*Vernimm, o Gott, mein Beten; /*
*verbirg dich nicht vor meinem Flehen!*
*Achte auf mich, und erhöre mich! /*
*Unstet schweife ich umher und klage ...*
*Mir bebt das Herz in der Brust; /*
*mich überfielen die Schrecken des Todes.*
*Furcht und Zittern erfassten mich; /*
*ich schauderte vor Entsetzen.*
*Da dachte ich: „Hätte ich doch Flügel wie eine Taube, /*
*dann flöge ich davon und käme zur Ruhe."*
*Weit fort möchte ich fliehen, /*
*die Nacht verbringen in der Wüste.*
*An einen sicheren Ort möchte ich eilen /*
*vor dem Wetter, vor dem tobenden Sturm ...*
*Ich aber, zu Gott will ich rufen, /*
*der Herr wird mir helfen.*
*Am Abend, am Morgen, am Mittag seufze ich und stöhne; /*
*er hört mein Klagen.*
*Er befreit mich, bringt mein Leben in Sicherheit /*
*vor denen, die gegen mich kämpfen, /*
*wenn es auch viele sind, die gegen mich angehen ...*
*Wirf deine Sorge auf den Herrn, er hält dich aufrecht! /*
*Er lässt den Gerechten niemals wanken.*

## Simon von Zyrene und Veronika

*Als sie Jesus hinausführten, ergriffen sie einen Mann aus Zyrene*
*namens Simon, der gerade vom Feld kam.*
*Ihm luden sie das Kreuz auf, damit er es hinter Jesus hertrage.*
*(Lk 23,26)*

**Wort in den Tag**    Menschen am Rand des Kreuzweges sind
wichtig. Zwischen den vielen, die nur zuschauen, gibt es Menschen, die haben einen Namen und ein Gesicht. Jesus begegnet
seiner Mutter, er begegnet den weinenden Frauen. Er nimmt die
Hilfe von Veronika an und von Simon von Zyrene. Soldaten
zwingen Simon, Jesus das Kreuz nachzutragen. Er beugt sich
nieder, greift nach der schweren Last, die Jesus zu Boden drückt.
Und in ihm wächst Barmherzigkeit. Nicht mehr unter Zwang er-
bringt er seine Dienstleistung, er trägt gern die Last des anderen.

 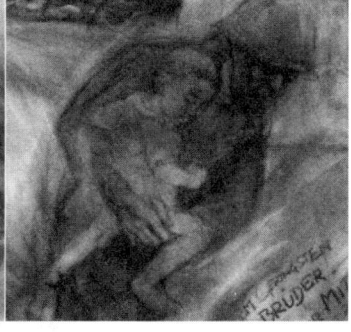

Simon von Cyrene hilft Jesus
das Kreuz tragen

Ein Feuerwehrmann rettet ein
Kind aus den Flammen

Ungezählten Menschen geht es wie Simon von Zyrene. Ihre Be-
rufung sehen sie in der Barmherzigkeit, im Dienst am Nächsten.
Die Sozialhelferin, der Arzt, der Altenpfleger, die Krankenschwester. Oder der Feuerwehrmann, der unter Einsatz seines
eigenen Lebens ein Kind aus den Flammen rettet, wie die
Künstlerin HETTY KRIST die Tat des Simon von Zyrene in unsere
Zeit überträgt. Dieses Bild hat eine grausame Aktualität gefun-

den. Beim Terroranschlag in New York haben fast dreihundert Feuerwehrleute den Tod gefunden. Sie wurden die Helden von Manhattan genannt. Unsere Welt braucht Menschen wie Simon von Zyrene. Barmherzige Menschen, die die Not anderer erkennen und entschieden zupacken. „Einer trage des anderen Last!" (Gal 6,2).

Veronika hat keinen Fachdienst anzubieten. Sie steht da mit leeren Händen und einem weinenden Herzen. Die Menge schaut zu, gleichgültig, abgestumpft. Eine Frau tritt heraus – Veronika. Sie kann nicht nur Zuschauer sein. Sie fragt nicht danach, was die andern denken. Sie reicht dem geschundenen Menschen Jesus ein Tuch, in das er sein schweißbedecktes, blutiges Antlitz drücken kann. Sie gibt ihm ein Stück Menschenwürde zurück. Der Liebesdienst wird belohnt. Ins Schweißtuch prägt sich das Gesicht des Herrn. Abgebildet ist das Turiner Grabtuch: es zeigt ein unvergleichlich gütiges Gesicht. Veronika bewahrt das kostbare Geschenk. Ihr Name bedeutet: „vera-icon", wahres Bild. Die Ikone Christi ist jeder notleidende Mensch. „Was ihr für einen meiner geringsten Brüder getan habt, das habt ihr mir getan." (Mt 25,40)

Schweißtuch der Veronika      Der Liebesdienst

Der zweite Bildausschnitt veranschaulicht den Liebesdienst der Veronika. Ein Mensch beugt sich über einen Leidenden oder Sterbenden. In seinen offenen Händen liegt der Kopf. Die Hand des Kranken greift nach der Hand des Helfers. Liebe und Trost spenden diese Hände. Leere Hände, an denen man sich halten kann. Nur mit leeren Händen kann man so helfen. Wenn solches geschieht, wird es hell in unserer dunklen Welt. Im Bild fällt das Licht auf das Gesicht der Helferin. Wo wir mit aufmerksamen Herzen unsere Hände und unsere Gesichter einander zuwenden, da berühren sich Himmel und Erde.

**Übung** Unsere Welt braucht Menschen wie Veronika und wie Simon von Zyrene. Not wird erträglich, wenn ein Freund und Verbündeter uns zur Seite steht. Es gibt viele Formen der Hilfe und des Beistandes. Viele hochqualifizierte Berufe tun an ihren Patienten oder Klienten ihren Fachdienst. Andere helfen spontan aus Mitleid. Doch Mitgefühl ist meist kurzlebig und endet zu oft mit einer Spendensammlung. Unser christlicher Glaube verpflichtet uns, dem Armen barmherzig zu begegnen. Barmherzigkeit (misere-cordia) bedeutet: Sein Herz beim Armen haben. Der Arme ist das „achte Sakrament der Christusbegegnung". Jesus sagt: „Was ihr für einen meiner geringsten Brüder getan habt, das habt ihr mir getan." (Mt 25,40)
Helfe ich nur durch Spenden und Almosen oder kenne ich persönlich das Gesicht eines Armen?

## Die Klagemauern unserer Welt

*Bei dem Kreuz Jesu standen seine Mutter und die Schwester seiner Mutter, Maria, die Frau des Klopas, und Maria von Magdala. Als Jesus seine Mutter sah und bei ihr den Jünger, den er liebte, sagte er zu seiner Mutter: Frau, siehe, dein Sohn! Dann sagte er zu dem Jünger: Siehe, deine Mutter!*

*(Joh 19,25-27)*

**Wort in den Tag** „Erfahrungen vererben sich nicht", las ich bei KURT TUCHOLSKY, „jeder muss sie allein machen." Je älter wir werden, umso mehr Lebenserfahrungen sammeln wir. Eltern möchten ihre Erfahrungen ihren Kindern weitergeben. Warum sollen sie in alle Löcher fallen, in die sie selbst gestolpert sind? Wer viele Lebenserfahrungen gemacht hat, versteht das Leben besser. Erfahrungen sind wie Schwielen an den Händen. Doch Erfahrungen vererben sich nicht.

Erfahrungen wecken Verständnis. Wer große Lebenserfahrung hat, versteht den anderen besser. Wenn wir die Not am eigenen Leib erfahren haben, können wir uns in andere leichter hineindenken. Natürlich können wir uns feinfühlig und verständnisvoll offen halten. Wir können uns psychologisch schulen lassen. Doch erst persönliche Erfahrungen wecken das Mitgefühl. Wie soll einer einen Kranken verstehen, wenn er nie selbst krank gewesen ist? Wie soll ein junger Mensch begreifen, wie ein Älterer unter Wetterfühligkeit leiden kann?

Wir suchen Menschen, die uns verstehen, – nicht nur theoretisch, nicht nur mit dem Kopf – sondern Menschen, die das gleiche durchgemacht haben, die sagen können: „Du, das kenne ich! Ich weiß, wie das ist!"

Das Bild der Schmerzensmutter (oder Pieta) ist hineingestellt in das Drama der Menschheitsgeschichte. Der Schoß, der das Leben geboren, trägt nun den Toten. Gibt es ein Bild, das Leid und Verzweiflung stärker ausdrückt? Das Bild der „Mater dolorosa" sagt uns: „Ich weiß, was Menschen niederdrückt, ängstigt und belastet. Ich habe es am eigenen Leib erfahren. Ich verstehe dich mit einem Herzen, das vom Schwert durchbohrt wurde." Wenn jemand sagt: „Ich kann nicht mehr beten, wie kann Gott das zulassen?", dann beginnt das Bild der Pieta zu sprechen. Sie weist auf ihren Sohn. Auch er hat am Kreuz geschrien: „Mein Gott, mein Gott, warum hast du mich verlassen?" (Mt 27,46) Täglich multipliziert sich das Bild der „Mater dolorosa", der Mutter der Schmerzen. Eine Frau mit dem Ausdruck unsäglicher Not hält ihr totes Kind nach einem Unfall oder einem Verbrechen in ihrem Arm. Zweitausend Kinder verunglücken jedes Jahr auf den Straßen unseres Landes.

Pieta – damals und heute

Die Augen der Mutter sind blind vor Tränen. Ungetröstetes Leid aller Frauen dieser Erde sammelt sich in diesem Bild. Doch das Kind in ihrem Arm ist umgeben von der roten Farbe der Liebe und des Lebens.

Wo dieses Bild der Schmerzensmutter steht, dort sind die Klagemauern unserer Tage. Wie viel Not ist vor der Pieta ausgesprochen worden, wie viele Sorgen sind beim Namen genannt, wie viel stumme Verzweiflung zum Himmel geschrien worden? Wie viele Kerzen werden täglich vor den Gnadenbildern angezündet? Sie ist die Trösterin der Betrübten.

Ein Kind, das Angst hat, läuft zur Mutter und sagt: „Zu zweit sind wir stärker!" Vielleicht ist damit genau gesagt, was ein Gnadenbild bedeutet. Denn so kann ich beten: „Du, Mutter, zu zweit sind wir stärker als alle Angst."

**Übung**  JACOPONE DA TODI (gest. 1306) lebte zur Zeit der Gotik. Es ist die Zeit der Mystik, die das Gefühl in Kunst und Dichtung ausdrückt. Er schrieb und komponierte den Hymnus „Stabat mater dolorosa".

> *Christi Mutter stand mit Schmerzen*
> *Bei dem Kreuz und weint' von Herzen,*
> *Als ihr lieber Sohn da hing.*
> *Durch die Seele voller Trauer,*
> *schneidend unter Todesschauer*
> *jetzt das Schwert des Leidens ging.*
> *Welch ein Schmerz der Auserkornen,*
> *da sie sah den Eingebornen,*
> *wie er mit dem Tode rang.*
> *Angst und Jammer, Qual und Bangen,*
> *alles Leid hielt sie umfangen,*
> *das nur je ein Herz durchdrang...*
> *Lass mit dir mich herzlich weinen,*
> *mich mit Jesu Leid vereinen,*
> *so lang hier mein Leben währt.*

# Im Zeichen des gebrochenen Brotes

*Er nahm Brot, sprach das Dankgebet,*
*brach das Brot und reichte es ihnen mit den Worten:*
*Das ist mein Leib, der für euch hingegeben wird.*
*Tut dies zu meinem Gedächtnis!*
*(Lk 22,19; 1 Kor 11,23-25)*

**Wort in den Tag**   Heute, am Gründonnerstag, erinnern wir uns an das Abendmahl Jesu mit seinen Jüngern. Kann man es schöner sagen als im Zeichen des gebrochenen Brotes? Brot – Frucht der Erde und der menschlichen Arbeit. Alltägliches Brot, das nur gut schmeckt, wenn wir es teilen.
Brot kann ja sehr Unterschiedliches bedeuten. Im Bäckerladen ist Brot eine Ware, die man verkaufen will. Wenn die Mutter das Brot auf den Tisch bringt, wird es ein Nahrungsmittel, das wichtigste Lebensmittel, das uns sättigt. Freunden setzt man ausgesuchte Brotsorten vor oder köstlichen Kuchen. Brot wird zum Zeichen der Gastfreundschaft. Brot kann die letzte Ration sein, um zu überleben. Ein Mann erzählte mir von den schrecklichen Gefangenenlagern in Sibirien. Auf dem langen Marsch durch die Schneewüste konnte sein Kamerad nicht mehr weiter. Da gab dieser ihm sein letztes Stück Brot. „Vielleicht schaffst du es!" Das Brot seines Freundes schenkte ihm das Leben. Jahrelang konnte er kein Brot essen, ohne an seinen Freund zu denken.
Brot kann sehr Unterschiedliches bedeuten. Ich erinnere mich an meinen besten Freund. Seine Frau war plötzlich tödlich verunglückt. Am nächsten Morgen saß ich bei ihm, schweigend. Kein Wort des Trostes kam mir über die Lippen. Meine Kehle war zugeschnürt. Unendlich lange schwiegen wir. Vor uns auf dem Tisch lag Brot. Ich nahm ein Stück und brach es. Wir begannen beide zu essen. Dann fing er an zu erzählen. Von seinem Hochzeitstag. Seine Eltern hatten zur Feier Salz und Brot mitgebracht, wie es Brauch im Dorf war. Und er erzählte von seiner lieben Frau, und die Verstorbene stand lebendig in unserer Mitte.
Am Abend vor seinem Tod nahm Jesus Brot in seine Hände und brach das Brot. Er wusste um den Verrat. Seine ganze Liebe und Hingabe legte er hinein. „Ihr dürft mich nicht vergessen! Ihr

müsst euch immer wieder erinnern an meine Worte und an meine Liebe. Und wenn ihr das Brot brecht, dann bin ich bei euch. Denn ich selbst bin wie Brot, gebrochen und gestorben für euch. Tut dies zu meinem Gedächtnis!"

FRANZ VON ASSISI hatte eine große Ehrfurcht vor dem Geheimnis der Eucharistie. Er sagte: „Seht die Demut Gottes!" Der Herr des Alls, Gott und Gottes Sohn demütigt sich für unser Heil. Er verbirgt sich in der winzigen Gestalt des Brotes.

Wenn man dieses Wort verstehen will, muss man das Gottesbild des FRANZ VON ASSISI beachten. Die Theologen aller Zeiten verkünden: „deus semper major", Gott ist immer größer, als wir ihn denken können. Franziskus würde sagen: „deus semper minor." Gott ist immer kleiner, als wir ihn fassen können. Franziskus liebt es, die Bilder der Demut und Armut Christi zu betrachten: Krippe, Kreuz und Eucharistie. Er zitiert oft den Hymnus aus Philipper 2: Christus hielt nicht daran fest, Gott gleich zu sein, er entäußerte sich, er nahm Knechtsgestalt an. Das ist das Paradox franziskanischer Spiritualität: Gott ist der Demütige und nur so der Allmächtige. Er ist der immer noch Kleinere und nur so der Größere. Er ist der Schwache und nur so der Starke. Der heruntergekommene Gott, nicht nur in der Niederkunft bei der Geburt, sondern hinabgestiegen bis in die Schattenreiche unsres Lebens und ohnmächtig im Zeichen des gebrochenen Brotes auf dem Altar.

Der Christ lebt nun unter dem Zeichen des gebrochenen Brotes. Viel wird geheilt und verwandelt, wenn auch wir unser Brot mit anderen teilen. Wenn ich auf dem Altar das heilige Brot teile, dann denke ich oft an das Wort: „Wir feiern, was uns fehlt." Wir feiern die Liebe, obwohl so viel Lieblosigkeit unseren Alltag bestimmt. Wir feiern den Frieden, obwohl fast täglich der Streit durch unsere Reihen geht. Wir feiern, was uns fehlt. Aber indem wir es feiern, begreifen wir, es muss nicht so bleiben, wie es vorgibt zu sein. Es gibt eine Alternative, eine neue Wirklichkeit. Versöhnung und Frieden sind auch heute möglich im Zeichen des geteilten Brotes.

**Übung**  Als ich mit Obdachlosen einen Gottesdienst vorbereitete, nahm Günter seine Mundharmonika aus der Tasche und spielte ein Kinderlied. Von einem Nichtsesshaften, der das Schicksal der Straße teilt, habe ich die Zeilen gelernt, die ich Ihnen heute am Gründonnerstag ans Herz legen möchte:

*Wenn meine Mutter Gäste hat und sie hat wenig Brot im Haus,*
*dann schneidet sie das Brot ganz klein, es reicht für alle aus.*

*Dann denk ich an Jerusalem, das ist schon lange her.*
*Man sagt, in unsern Tagen geschieht kein Wunder mehr.*

*Auch damals waren viele da, und Brot und Fisch warn knapp.*
*Da haben sie es sich geteilt, und alle wurden satt.*

*Ich weiß nicht, was ein Wunder ist, mir wird nur langsam klar,*
*wenn alle etwas teilen, dann ist ein Wunder da.*

# Das Kreuz durchkreuzt und macht alles neu

*Wir verkündigen Christus als den Gekreuzigten:*
*für Juden ein empörendes Ärgernis, für Heiden eine Torheit,*
*für die Berufenen aber, Juden wie Griechen,*
*Christus, Gottes Kraft und Gottes Weisheit.*
*Denn das Törichte an Gott ist weiser als die Menschen,*
*und das Schwache an Gott ist stärker als die Menschen.*
*(1 Kor 1,23-24)*

**Wort in den Tag**    Woher wir auch kommen, unsere Schritte laufen in ein Kreuz. Welche Himmelsrichtung wir auch einschlagen, unsere Wege finden zu einem Kreuz zusammen. An den Kreuzungen der Wege berührt unser Weg den Kreuzweg des Gekreuzigten. Zum Lebensweg gehört die Station des Todes. Ausgespannt zwischen Himmel und Erde, zwischen Gott und Mensch, wird das Kreuz zur Brücke über Abgründe.

Das Zeichen des Kreuzes spricht seine eigene Sprache. Wenn ich das Kreuz anschaue, wenn ich seine Botschaft buchstabiere, kann ich erfahren: Gott ist keine kalte, stumme Himmelsmacht, die sich selbst genügt und uns von oben gute Ratschläge erteilt. Im Gekreuzigten hat Gott die Gestalt der gequälten Kreatur angenommen. An den Balken genagelt, nackt, verspottet, zerschlagen, hat er den Tod erlitten. Das Kreuz sagt: Er hat am eigenen Leib erfahren, was Menschen bedrückt und ängstigt. In aller Not ist Gott uns nah.

Das Bild aus dem Kreuzweg von HETTY KRIST zeigt dreimal das Gesicht des Gekreuzigten. Hinter dem hellen Antlitz Christi ein Ge-

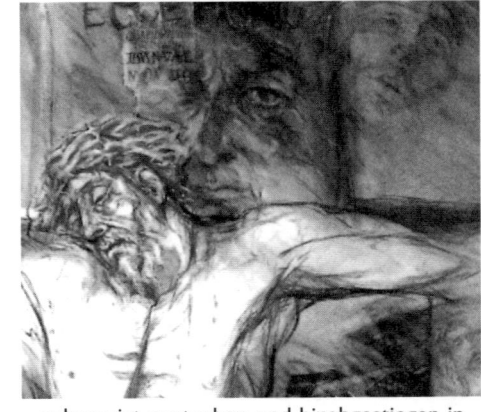

... gekreuzigt, gestorben und hinabgestiegen in das Reich des Todes

sicht, das in die Abgründe schaut, das Tod und Bosheit sieht. Im Credo heißt es: „...gekreuzigt, gestorben und begraben, hinabgestiegen in das Reich des Todes." Jesus steigt hinab an den Ort der Gottverlassenheit. Im Dunkel das sehende Auge. Sein Kreuzestod gilt allen Opfern der Geschichte. Er befreit uns nicht vom Leiden. Er erlöst uns durch sein Leiden. Selbst in das Reich des Todes bringt er Licht und Leben. Die Abgründe des Menschen sind ihm nicht fremd. Ikonen stellen oft die Höllenfahrt Jesu dar. Bis in unsere Schattenreiche steigt er hinab und holt uns aus unseren Gräbern ans Licht.

Das dritte Gesicht im warmen Licht ist der Erde entrückt. Erwacht aus dem Schlaf, schaut es auf zum Vater. „Am dritten Tage auferstanden von den Toten." Das Leben wird uns nicht genommen, sondern gewandelt. Irgendwo muss es Tag sein für die Menschen der Nacht, die durch den Tunnel der Verzweiflung gehen. Alle Linien und Wege der Welt kreuzen sich in seinem aufgebrochenen Herzen.

Der Weg der Menschheit gleicht bis heute einem Kreuzweg. Tag für Tag kommen neue Kreuzwegstationen dazu. Kreuzigen konnten nicht nur die Römer. Wir alle verurteilen und kreuzigen, indem wir Menschen verspotten, abschreiben, fertig machen: „Du bist restlos veraltet!" – „Du bist noch viel zu jung!" – „Du hast mir nichts mehr zu sagen!" Wir alle verwunden und kreuzigen täglich. Ist so der Mensch? BERT BRECHT meint: „Zu den Steinen hat einer gesagt: seid menschlich! Die Steine haben gesagt: Wir sind noch nicht hart genug."

Es gibt viele Schauplätze moderner Kreuzigungen. Über fünftausend Tote bei dem Terroranschlag in New York. Jährlich über zehntausend Verkehrstote in Deutschland. Die Selbstmordziffer liegt noch höher. Nur Zahlen? Das Schicksal des Einzelnen wird uns dabei nicht bewusst. Es gibt viele Schauplätze moderner Kreuzigungen. Zwei Drittel aller Menschen leben unter dem Existenzminimum. Eine Tatsache, die bekannt ist. Was aber tue ich dagegen? Wenn ich das Kreuz anschaue, heißt das für mich nicht: alles Leid in Ergebung zu tragen. Im Gegenteil: das Kreuz anschauen heißt: Leidende vom Leid erlösen, Menschen vom Kreuz holen. Unsere Antwort heißt: tragen helfen, mittragen, wo immer wir den Kreuzträgern unserer Tage begegnen. Mitleid allein genügt nicht. Nur mit Worten zu protestieren, reicht nicht. Wir müssen uns zu ihnen stellen, auf ihrer Seite sein. Jede Tat der Liebe verändert die Welt.

Was bleibt mir vom Leben? Nur, was ich aus Liebe gegeben habe, das bleibt. Denn die Liebe eines Menschen kann man nicht begraben. Auch damals, als sie Jesus kreuzigten, schien die Rechnung aufzugehen. Mit Jesus hatten sie Schluss gemacht. Jesus, der sein Leben gab, um andere zu retten, wurde von Gott errettet. Der Gekreuzigte lebt.

**Übung**  Um Menschen vom Kreuz zu holen, muss man sich manchmal querstellen. Das beschreibt LOTHAR ZENETTI in seinem Gedicht:

*Das Kreuz des Jesus Christus*
*durchkreuzt was ist*
*und macht alles neu*

*Was keiner wagt, das sollt ihr wagen*
*was keiner sagt, das sagt heraus*
*was keiner denkt, das wagt zu denken*
*was keiner anfängt, das führt aus*

*Wenn keiner ja sagt, sollt ihr's sagen*
*wenn keiner nein sagt, sagt doch nein*
*wenn alle zweifeln, wagt zu glauben*
*wenn alle mittun, steht allein*

*Wo alle loben, habt Bedenken*
*wo alle spotten, spottet nicht*
*wo alle geizen, wagt zu schenken*
*wo alles dunkel ist, macht Licht*

*Das Kreuz des Jesus Christus*
*durchkreuzt was ist*
*und macht alles neu* [45]

## *Augen fangen dich auf*

*Wenn du mit deinem Mund bekennst:*
*„Jesus ist der Herr"*
*und in deinem Herzen glaubst:*
*„Gott hat ihn von den Toten auferweckt",*
*so wirst du gerettet werden.*
*(Röm 10,9)*

**Wort in den Tag**   Mit dem Tod ist alles aus. Klarer Fall, da kommt nichts mehr. Endstation. Karsamstag! Ein paar Erinnerungen vielleicht noch, doch bald ist alles vergessen. Ein Grab ist ein Grab, und der Tod ist bitter. Was haben wir schon dagegenzusetzen? Klagelieder und kein Halleluja. Das ist Karsamstag. Die Liturgie mutet uns einen ganzen Tag der Trauer und des Schweigens zu. Kein Gottesdienst und keine Eucharistiefeier. Jesus liegt im Grab.

„Hinabgestiegen in das Reich des Todes." Die Scheol ist der Ort der Schatten. Bis in diese Tiefen steigt Christus hinab. Karsamstag fordert auch uns auf, in unsere eigenen Gräber hinabzusteigen, den eigenen Schatten nicht zu verdrängen. Christus ist nicht nur dem Bösen begegnet, das offen zu Tage tritt. Er streitet mit den Mächten der Finsternis und wird sie besiegen. Auch uns will er aus unseren Gräbern befreien, dort, wo wir von den Chaosmächten beherrscht werden. Dort, wo Lähmung und Resignation uns einschließen wie in ein Grab. Er sprengt auch unsere Gräber, und sein Licht erleuchtet die Finsternis unserer Herzen.

Karsamstag bedeutet, Jesus hat sich selbst dem Schattenreich ausgeliefert. Im Reich des Todes ist er gefangen. Keiner schaut mehr nach ihm. Ob Gott ihn im Blick behält? Ob er nach ihm schaut? Der Vater wird seinen Sohn erretten. Am dritten Tag ist er auferweckt worden.

Weil in Christus für uns alle das Tor zum Leben geöffnet wurde, kann HILDE DOMIN in ihrem Gedicht Hoffnung für alle formulieren:

*Es gibt dich*

*Dein Ort ist*
*wo Augen dich ansehn.*
*Wo sich die Augen treffen*
*entstehst du.*

*Von einem Ruf gehalten,*
*immer die gleiche Stimme,*
*es scheint nur eine zu geben*
*mit der alle rufen.*

*Du fielest,*
*aber du fällst nicht.*
*Augen fangen dich auf.*

*Es gibt dich*
*weil Augen dich wollen,*
*dich ansehn und sagen*
*daß es dich gibt.*[46]

Wir gewinnen Leben und Ansehen, wenn wir angeschaut werden. Wenn alle uns übersehen, sind wir nichts. Wo Augen dich ansehen, da entstehst du. Es gibt dich, weil Augen dich wollen, weil einer dich ruft, mit Namen sogar.
Sich ansehen zu lassen und den Blick zu erwidern, das geht uns selbst etwas an. Wir werden und wachsen, nicht indem wir wegsehen, sondern indem wir hinsehen. Hinsehen führt nicht nur in die Tiefe, sondern auch in die Abgründe des Menschen. Wir fürchten, ebenso tief zu stürzen, aber: „Augen fangen dich auf." Es sind die gleichen Augen, von denen die Sterbenden berichten: Ein unendlich gütiger Blick, wenn das Tor sich öffnet in der Neugeburt des Todes. Er schaut nach uns mit gütigen, barmherzigen Augen. Wenn er nach uns schaut, dann ist uns geholfen. Er führt uns aus der Finsternis ins Licht. Es gibt dich, weil Augen dich wollen und dir sagen, dass du sein sollst für immer.

Von Gott angesehen zu sein, das ist der uralte Segenswunsch. Seit Jahrtausenden sprechen Menschen sich diesen Wunsch zu: „Der Herr segne dich und behüte dich. Der Herr lasse sein Angesicht leuchten über dir und sei dir gnädig. Der Herr wende dir sein Angesicht zu und gebe dir Frieden." (vgl. Num 6,24-26)

**Übung**  Am Karsamstag möchte ich Sie einladen, über die Verse von RAPHAEL HOMBACH zu meditieren.

*Wenn du gehst,*
*immer geradeaus,*
*und nicht abbiegst,*
*weder zur Rechten*
*noch zur Linken,*
*sondern einfach gehst,*
*geraden Weges,*
*wie weit du auch gehen mußt,*
*durch Nächte*
*und Tage,*
*durch Regen*
*und Sonnenschein,*
*ob du weinen wirst*
*oder lachen darfst,*
*einmal – du wirst überrascht sein –*
*stehst du vor dem,*
*von dem du hergekommen bist.*
*Er wird dich nichts zu fragen brauchen,*
*er sieht dich, wie du bist.*
*Du wirst ihn nchts zu fragen brauchen,*
*du siehst ihn, wie er ist.*
*Er hat dir nachgesehen,*
*als du anfingst zu gehen.*
*Am Ende*
*bist du Aug in Auge*
*bei Gott.*

*Das ist Heimkehr*
*ein – für allemal.*[47]

# Am dritten Tag auferstanden von den Toten

*Gepriesen sei der Gott*
*und Vater unseres Herrn Jesus Christus:*
*Er hat uns in seinem großen Erbarmen neu geboren,*
*damit wir durch die Auferstehung Jesu Christi*
*von den Toten eine lebendige Hoffnung haben.*
*(1 Petr 1,3)*

**Wort in den Tag**  „Was sich überhaupt sagen lässt, lässt sich klar sagen. Wovon man nicht reden kann, darüber muss man schweigen."[48] Dieser Satz stammt von dem Sprachphilosophen LUDWIG WITTGENSTEIN. Ist es dann mit unserem Osterglauben nicht schlecht bestellt? Von der Auferstehung können wir keine exakte Definition und keine mathematischen Formeln geben. Wir haben keine Beweise in Händen. Wir haben nur ein paar erschrockene, verwirrte Menschen vor Augen und ihr Bekenntnis: Der Herr lebt! Soll man also darüber schweigen?
Die Sprache selber scheint den Sprachphilosophen zu widerlegen. Wir reden von einer unaussprechlichen Freude, von einem unsäglichen Schmerz oder einer unsagbaren Trauer. Es gibt Erfahrungen in unserem Leben, die sich nur schwer in Worte fassen lassen. Niemand wird deshalb schweigen. Wir versuchen im Gegenteil in immer neuen Anläufen zu beschreiben, was uns bewegt. Wir suchen neue Wörter, wir suchen nach Bildern, um unsere Erfahrung mitteilen und anschaulich machen zu können.
Genauso verhält es sich mit der Ostererfahrung der ersten Christen. Sie machten immer neue Anläufe, suchten nach immer neuen Bildern für ihre Erfahrung, die sich in Wirklichkeit der Anschauung entzieht. Versuche, das Ostererlebnis mitzuteilen, hören wir in den Osterevangelien. Die Freude hat sie so ergriffen, dass sie nicht schweigen konnten. Ihre Katastrophenstimmung ist verschwunden: Jesus lebt! Davon müssen sie reden: Der Herr ist auferstanden! Da bebt die Erde, da erscheinen die Engel, da bewegt sich der Stein, da stürzen die Soldaten, da ist das Grab leer.
All dies ist wunderbar und doch nicht das Wunder. Das Wunder ist: Er lebt! Der Gekreuzigte lebt! Der Verstummte spricht. Der

Geschundene erscheint. Der Tote ist auferstanden. Der Tod ist überwunden, das Böse besiegt. Darüber müssen sie reden.

Für die Frauen am Grab ist nicht Ostern, sondern Karfreitag. Sie tragen ihre letzten Hoffnungen zu Grabe. Der Herr ist tot. Die Geschichte mit ihm ist jetzt aus. Was bleibt ihnen noch in ihrer Ratlosigkeit? Eine Erinnerung und der hilflose Versuch, mit Salben und duftenden Kräutern die Verwesung zu bannen. Aber gegen den Tod ist kein Kraut gewachsen. „Wer wälzt uns den Stein von der Tür des Grabes?", fragen sie. Hart wie der Felsblock ist die Grenze, die das Leben vom Tode trennt. Eine undurchdringliche Wand, und wir stehen mit unserem Fortschritt ebenso ohnmächtig und hilflos vor dieser Mauer. Wer wälzt uns den Stein vom Grabe weg?

Am Nullpunkt menschlicher Existenz, wo wir mit unseren Fähigkeiten buchstäblich am Ende sind, da beginnt Gott. Der Stein ist weggewälzt. „Ihr sucht Jesus von Nazaret, den Gekreuzigten, er ist auferweckt." Am Ort des Todes ergeht die Kunde vom neuen Leben. Jesus ist auferweckt. Gott hat ihn auferweckt. Er und kein anderer. Das ist das Fundament der Osterbotschaft und des Osterglaubens. Manche Leute reden so, als hätten die Jünger Jesus am Leben gehalten. Sie seien zusammengekommen, hätten sich seiner erinnert und gesagt: „Es muss doch mit ihm weitergehen." Aber das reicht nicht, dass die Sache Jesu weitergeht. Angewiesen auf den Glauben der Jünger, wäre Jesus im Grabe geblieben. Jesus lebt nicht von seiner Jünger Gnaden, er lebt aus der Kraft Gottes.

Jesus ist auferweckt – können wir das heute begreifen? Damals flohen die Frauen aus dem Grab, denn Zittern und Entsetzen hatte sie gepackt. Das ist alles andere als eine vorübergehende Hochstimmung. Es gibt kein Ostern ohne das Erschrecken darüber, dass Gott die Skala menschlicher Erwartung immer wieder gänzlich auf den Kopf stellt, dass er unser Sandkastenspiel, unser Planen und Kalkulieren durchbricht und wunderbar am Werke ist.

Ostern ist nicht nur eine Episode ohne Bedeutung für uns. Es geht nicht um das private Schicksal eines Jesus von Nazareth. Es geht nicht darum, dass das Erdenleben dieses Jesus um einige Wochen verlängert wird. Es geht um das Ereignis, das die neue

Schöpfung ankündet. Es geht um den Wendepunkt, dass der Tod besiegt ist. „Tod, wo ist dein Stachel?"

Auferstehung ist jetzt kein Traum mehr. Auferstehung hat schon begonnen. Mitten in der Vergänglichkeit sind die Zeichen der Verwandlung sichtbar geworden. In der Mitte der Welt sind die Kräfte der verklärten Erde spürbar geworden. Wir können uns unseren Lebensraum nur dreidimensional (Länge, Höhe, Breite) vorstellen. Die Wissenschaftler sprechen aber von einer vierten Dimension, die unserer Vorstellungskraft entzogen ist. Und doch ist sie in Wirklichkeit vorhanden. Das ist ein Vergleich für die andere „vierte Dimension" des Glaubens, die österliche Wirklichkeit, die verborgen das All erfüllt. In unserer Welt, die einmal vergeht, liegt verborgen eine Kraft, die alles verwandelt. Das ist die Schau des Unsichtbaren, die Sehweise der Ewigkeit, der Glanz des Himmels.

Ich hänge mit allen Fasern meines Herzens am Leben. Mein Glaube aber gewinnt sogar meinem Sterben einen Sinn ab. Wenn das Leben einen Sinn hat, muss auch das Sterben einen Sinn haben. Denn das Leben wird uns nicht genommen, sondern verwandelt. Wir haben keine Beweise herzuzeigen, sondern nur unseren Glauben an den, der von den Toten auferstanden ist. Ich setze darauf, dass meine Wünsche ein Ziel und meine Träume eine Heimkehr finden. Wenn mein Herz aufhört zu schlagen, soll Gott leuchten. Das Universum soll mich umfangen. Mein Sterben soll zur letzten Hingabe an Christus werden, an den, der lebt. Dann ist der Tod die Geburt neuen Lebens. Mitten in der Nacht ein neuer Tag, mitten im Klagelied ein Halleluja. So sind die Argumente des Lebens gegen den Tod.

**Übung**  Legen Sie eine CD oder Musikkassette auf. Wenn Worte hilflos wirken, kann die Musik in vielen Klängen und Melodien den Osterjubel ausdrücken: Das Halleluja von HÄNDEL, das Tedeum von BRUCKNER oder der Choral des Exsultet, den wir in der Osternacht neben der entzündeten Osterkerze anstimmen. „Lobsinge, du Erde, überstrahlt vom Glanz aus der Höhe! Licht des Himmels umleuchte dich! Siehe, geschwunden ist allerorten das Dunkel."

# Den Himmel offen halten

*Du hüllst dich in Licht wie in ein Kleid,*
*du spannst den Himmel aus wie ein Zelt.*
*(Ps 104,2)*

**Wort in den Tag** „Wir halten für Sie den Himmel offen", so heißt eine Lufthansareklame. Ob das Bodenpersonal Gottes sich auch bemüht, für die Menschen in unserer Gesellschaft den Himmel offen zu halten? Leben wir anders, wenn über unserer Erde der Himmel offen ist?

Unser Blick zum Himmel ist heute oft verstellt. Eine Dunstglocke liegt über uns. Haben wir den Himmel verloren? Wir haben die Mahnung von Friedrich Nietzsche angenommen: „Ich beschwöre euch, meine Brüder, bleibt der Erde treu." Nun gehen wir mit dem Blick zur Erde – zu Boden gebeugt. Die Lasten drücken nur schwerer. Sehen die Menschen nicht noch bedrückter aus? Unser Gesichtskreis ist eingeengt. Und kein Stern spricht von den unendlichen Weiten, für die der Mensch geschaffen ist. Müsste man heute den Gebeugten wieder zurufen: „Richtet euch auf und erhebt euer Haupt!" (Lk 21,28). Müsste man der Erde den Himmel zurückgeben? Denn es ist unmöglich, sich ohne Schaden vom Himmel abzuwenden. Das Wandern im dunklen Tal ist eigentlich nur erträglich, wenn ein Lichtglanz den Weg erhellt. Unsere Erde braucht den Himmel – unser Leben den himmlischen Glanz.

Himmel – was ist das? Ist das nur eine streng jenseitige Wirklichkeit, von der auch nicht der leiseste Strahl gleichsam wie durch einen Türspalt zu uns dringt? Oder gibt es so etwas wie eine Vorahnung und einen Vorgeschmack himmlischen Glückes, sozusagen ein Stückchen Himmel hier und jetzt im grauen Alltag? Und zwar so, dass es nicht gleich wieder verblasst und nur einen faden Nachgeschmack hinterlässt? Brauchen wir nicht ein Stück Himmel auf Erden, auf der oft genug die Hölle los ist?

Wo aber ist der Himmel – über uns, um uns, in uns? „Noch die kleinste Pfütze spiegelt den Himmel", sagt ein Sprichwort aus Litauen. In einer schmutzigen Wasserlache leuchtet der Glanz des Himmels auf, spiegelt sich das Licht der Sonne. Der Himmel ist nicht nur oben. Eine Spur von ihm ist auch unten. Dann wird auch der, der zu Boden schaut, die Weite des Himmels entdecken. Die Gebeugten sehen sein Spiegelbild zu ihren Füßen. Sie werden sich aufrichten und erkennen, dass es Sonne gibt und Licht. Denn ein Strahl des Lichtes scheint in jede Nacht, und ein Kern des Guten ist in jedem Menschen. „Noch die kleinste Pfütze spiegelt den Himmel."

Wo finden wir heute den Himmel? Der Himmel begegnet uns in vielfacher Gestalt. Ein Vorgeschmack des Himmels ist die Liebe. Wenn wir lieben, holen wir ein Stück Himmel auf die Erde herunter. Und wie die Nacht das Licht des Morgens erwartet, so sehnen wir uns nach Liebe. Wer einmal den Geschmack des Glückes verkostet hat, bleibt ewig auf der Suche. Wir schauen über den Tellerrand unserer kleinlichen Wünsche. Wir durchbrechen den Horizont unserer alltäglichen Sorgen. Unsere Sehnsucht muss groß genug sein, um den Himmel einzuschließen. Unsere Wünsche müssen weit genug sein, um die Ewigkeit zu umfassen. Unser Weg durch das Leben wird zur Spurensuche nach dem Glanz des Himmels.

Wo finden wir den Himmel? Was Himmel ist, haben die Ikonenmaler gewusst. Sie malten den Himmel nicht blau, sondern golden. Sie wählten in den Ikonen den Himmel als Hintergrund, als tragenden Grund, auf dem sie die Menschen darstellten. Himmel als tragender Goldgrund der Menschen und unserer Welt! Er ist nicht einfach oben. Er umgibt uns von allen Seiten. Himmel und Erde berühren sich. Wir atmen die Weite, spüren die Freiheit, denn so weit die Wolken ziehen, spannt sich der Himmelsbogen über uns.

Wir müssen der Erde den Himmel zurückgeben. Denn nur unter offenem Himmel kann man auf Dauer leben. Vom Himmel als seiner Heimat her leben, verändert unser Streben. Wenn wir mit dem Herzen schon am Ziel sind, dann sind die Strapazen des Weges nicht mehr so schwer.

**Übung** Als Kind habe ich mich gern in eine Wiese gelegt und die Wolken betrachtet, die übers Firmament zogen. Lange kann ich auch in klaren Nächten den Sternenhimmel bewundern. Vielleicht ist heute die Nacht klar, und Sie schauen wieder einmal die unendlichen Weiten, für die der Mensch geschaffen ist.

## Der Himmel geht über allen auf

Der Himmel geht über allen auf, auf alle über, über allen auf. Der
Himmel geht über allen auf, auf alle über, über allen auf.

Text: Wilhelm Willms – Musik: Peter Janssens
aus: Ave Eva, 1974 (c) Peter Janssens Musik Verlag, 4404 Telgte

## Quellennachweis

1 Charles Pegy, Quelle unbekannt
2 B. Brecht, Gedichte, Hrsg. Werner Hecht, Suhrkamp, Frankfurt 1988
3 C.G. Jung, Lesebuch, Walter-Verlag, Düsseldorf 2000, S. 33
4 Henri J.M. Nouwen, Du bist ein geliebter Mensch, Verlag Herder, Freiburg 1997, S. 26
5 A. de Saint-Exupéry, Botschaft der Wüste, Arche, 2. Aufl., Zürich 1995
6 Rainer Maria Rilke, Gesammelte Werke
7 O. Buchinger, Das heilende Fasten, W. Jopp, 12. Aufl., Wiesbaden 2000
8 H.M. Enzensberger, Leichter als Luft, © Suhrkamp Verlag, Frankfurt 1999
9 Heinrich Böll, Das Heinrich-Böll-Lesebuch, dtv, München. S. 87
10 Erich Fried, Das Nahe suchen, © Verlag Klaus Wagenbach, Berlin 1982
11 Eva Zeller, Auf dem Wasser gehen, © Deutsche Verlagsanstalt, Stuttgart 1979
12 Vinzenz von Paul, aus: Caritas in NRW, Heft 3/1986, S. 200
13 Erich Purk, Mein Herz denkt an dein Wort, Herder, Freiburg 1991, S. 116
14 Erich Fromm, Haben oder Sein, dtv-Sachbuch, Stuttgart 1976
15 Heinrich Böll, Das Heinrich-Böll-Lesebuch, dtv, München
16 H. Hesse, Sämtliche Werke, Bd. 10: Die Gedichte, © Suhrkamp Verlag, Frankfurt 2001
17 Carlo Carretto, Wo der Dornbusch brennt, © Verlag Herder, Freiburg, 22. Aufl. 2001
18 Alfred Delp, Gesammelte Schriften, hrsg. v. R. Bleistein, Knecht, Frankfurt 1988
19 J. A. Jewtuschenko, Herzstreik, Gedichte, Europa, Hamburg 1996
20 Helga Rusche, Sammlung von Gedichten, Münster, unveröffentlicht
21 Elizabeth Barrett Browning, The Poetical Works, New York 1910
22 Autor unbekannt
23 Anmerkung entfallen
24 E. Purk (Hrsg.), Herausforderung Großstadt, Knecht, Frankfurt 1999
25 P. M. Zulehner, Die Religion kehrt wieder, Vortrag, Katholische Akademie, Köln 2001
26 L. Zenetti, Auf Seiner Spur, © Matthias-Grünewald-Verlag, Mainz, 2. Aufl. 2001
27 Dagmar Nick aus: M. Niggemeyer, Wege durch die Wüste, Bernward, Hildesheim
28 Gertrud von le Fort, Quelle unbekannt
29 Peter Bamm, Eines Menschen Einfälle, Deutsche Verlagsanstalt, Stuttgart 1997

30 ERNESTO CARDENAL, Das Buch von der Liebe, Gütersloher Verlagshaus, Gütersloh

31 GUY DE LARIGAUDIE, Stern auf hoher See, Roven Verlag, Olten/München

32 GISBERT GRESHAKE, Gottes Willen tun, Verlag Herder, Freiburg

33 Quelle unbekannt

34 TEILHARD DE CHARDIN, hrsg. v. Sekretariat der deutschen Bischofskonferenz, Arbeitshilfen Nr. 36

35 Gesangbuch Gotteslob, S. 22

36 Bericht der Obdachlosen-Seelsorgerin in Köln, SR. ALEXA WEIßMÜLLER

37 FYNN, Hallo, Mister Gott, hier spricht Anna, Fischer TB, Frankfurt 1979, S.14

38 BERTOLD BRECHT, Gedichte, Suhrkamp, Frankfurt

39 JOHANN WOLFGANG VON GOETHE, Gedichte, Beck, München 1999

40 SÖREN KIERKEGAARD, Briefe, Gütersloher Verlagshaus 1985

41 TATJANA GORITSCHEWA, Von Gott zu reden ist gefährlich, Vandenhoek & Ruprecht, Göttingen

42 Nach einer Vorlage von NORBERT WEIDINGER

43 RUDOLF OTTO WIEMER, Gebet eines Zeitgenossen, aus: Ungewaschene Gebete, Patmos, Düsseldorf 1987

44 HETTY KRIST, Durchkreuzt, Passion heute, Knecht, Frankfurt 1998 (Originale in Farbe). Siehe auch unten: Bildnachweis

45 L. ZENETTI, Auf Seiner Spur, © Matthias-Grünewald-Verlag, Mainz, 2. Aufl. 2001

46 H. DOMIN, Es gibt dich. Aus: dies., Gesammelte Gedichte, © S. Fischer Verlag, Frankfurt 1987

47 R. HOMBACH, Auf dem Wege, © Johannes-Verlag, Leutesdorf 1980, S. 7

48 LUDWIG WITTGENSTEIN, Über Gewissheit, Suhrkamp, Frankfurt 1997

## Bildnachweis

Bilder von HETTY KRIST, Ausschnitte aus einem Kreuzweg auf großformatigen Tafeln in der Liebfrauenkirche in Frankfurt. (Originale in Farbe) Mit freundlicher Genehmigung der Künstlerin.

Fotografie der Asphodelus-Blüte in der Wüste: PATER ERICH PURK, Münster